VORDERASIATISCHE SCHRIFTDENKMÄLER DER STAATLICHEN MUSEEN ZU BERLIN

HERAUSGEGEBEN VOM
VORDERASIATISCHEN MUSEUM

NEUE FOLGE, HEFT III
(HEFT XIX)

HELMUT FREYDANK

MITTELASSYRISCHE RECHTSURKUNDEN UND VERWALTUNGSTEXTE

AKADEMIE-VERLAG · BERLIN
1976

Erschienen im Akademie-Verlag, 108 Berlin, Leipziger Str. 3–4

Lizenznummer: 202 · 100/367/76
Herstellung: IV/2/14 VEB Druckerei »Gottfried Wilhelm Leibniz«, 445 Gräfenhainichen/DDR · 4719
Bestellnummer: 753 087 7 (2142/III) · LSV 8108
Printed in GDR
DDR 48,–

Im vorliegenden III. Heft der Neuen Folge der Reihe „Vorderasiatische Schriftdenkmäler" (Heft XIX) werden insgesamt 73 Rechtsurkunden und Verwaltungstexte aus mittelassyrischer Zeit vorgelegt. Die Keilschrifttafeln stammen vornehmlich aus Qal'at Scherqāt (Aššur), einige Exemplare möglicherweise aus Tulūl 'Aqīr (Kār-Tukultī-Ninurta).

Sie wurden sämtlich von Herrn Dr. Helmut Freydank in mustergültiger Weise kopiert.

Über die Fundnummern und die chronologische Fixierung der Texte gibt ein besonderes Verzeichnis (S. 9–10) Auskunft, während in einer übersichtlichen Zusammenstellung (S. 11–14) über deren Inhalt berichtet wird. Beigegeben ist schließlich eine Konkordanz-Liste der Museumsnummern (VAT).

Gerhard Rudolf Meyer

VORWORT

Nach einer Unterbrechung von fast fünfzig Jahren kann mit dem vorliegenden Band die Veröffentlichung der mittelassyrischen Urkunden aus der Tontafelsammlung des Vorderasiatischen Museums zu Berlin fortgesetzt werden. In den nächsten Jahren soll in der Reihe der Vorderasiatischen Schriftdenkmäler mindestens ein weiterer Band mittelassyrischer Texte folgen. – Eine Auswertung der hier vorgelegten Tafeln im Zusammenhang mit noch zu publizierendem Material ist meinerseits beabsichtigt, jedoch keine Bearbeitung sämtlicher Texte.

Wie aus der Inhaltsübersicht hervorgeht, sind einige der Siegelabrollungen bereits publiziert und bearbeitet worden. Eine Aufnahme aller weiteren Siegel war hier indessen nicht vorgesehen.

Auch in diesem Band sind Tafeln vereint, die meist relativ gut erhalten sind. Das Ergebnis wird auf diese Weise doch lohnender sein als bei einem strengen Vorgehen nach Fundnummern, zumal dieser Zusammenhang der Tafeln in einigen Fällen nicht mehr sicher feststellbar ist.

Herrn Generaldirektor Prof. Dr. G. R. Meyer, der es mir in freundlicher Weise gestattete, die Tafeln zu kopieren und in dieser Reihe zu veröffentlichen, sage ich meinen Dank, ebenso Frau Dr. L. Jakob-Rost, Kustos des Vorderasiatischen Museums, für ihre Unterstützung beim Heraussuchen der Tafeln.

Helmut Freydank

EINLEITUNG

Der überwiegende Teil der hier in Autographie vorgelegten Tafeln – es handelt sich um Rechtsurkunden, Verwaltungs- bzw. Wirtschaftstexte sowie einige Briefe – ist bereits in der Literatur erwähnt worden, auszugsweise bekannt oder in einigen Fällen bearbeitet bzw. in Kopie veröffentlicht. Daß die letztgenannten Texte hier nochmals gebracht werden, sei mit einigen neuen Lesungen und mit dem Bestreben gerechtfertigt, die bisher verstreut publizierten mittelassyrischen (mA) Texte aus dem Vorderasiatischen Museum, wo es angezeigt scheint, in einen Tafelband aufzunehmen.

Es ist vor allem E. Weidners Verdienst, vielen der mA Tafeln interessante Informationen, insbesondere die Namen von Eponymen, entnommen und fortlaufend mitgeteilt zu haben. Den auch in dieser Hinsicht bedeutsamen Fundnummern hatte E. Weidner stets große Aufmerksamkeit geschenkt, und der ordnenden Arbeit C. Saporettis ist es zu danken, daß es fast immer möglich war, auch solche Tafeln zu identifizieren, deren Fundnummern teilweise verloren waren. Denn viele Tafeln, die früher noch nicht inventarisiert waren, sind inzwischen nach ihren Fundnummern zitiert worden. So ist in der Inhaltsübersicht meist auf C. Saporetti, Onomastica medio-assira (OMA), Bd. I u. II, Rom 1970, verwiesen worden, der soweit alle diese Erwähnungen aufgeführt hat. Nur bei einer eingehenderen Behandlung von Texten oder Textstellen, meist durch E. Weidner im AfO, werden diese früheren Arbeiten genannt.

Zur möglichen Herkunft einiger Tafeln ohne Fundnummer aus Kār-Tukultī-Ninurta vgl. H. Freydank, AoF 1 (1974), 55 Anm. 5. Zu dieser Gruppe könnten hier neben Nr. 1 und 9 wenigstens noch 27 und 40 gehören.

Unter den Nummern 15, 22, 25, 71 und 73 werden Tafeln mit ihren Hüllen veröffentlicht. Es ist nicht auszuschließen, daß weitere Tafeln mit Hüllen versehen waren, die möglicherweise noch aufgefunden werden, ebenso aber auch die Hüllenbruchstücke unter Nr. 70 den Innentafeln zugewiesen werden können. Da unter VAT 16399 Bruchstücke mehrerer Tafelhüllen inventarisiert sind, ergaben sich nach der Zusammenstellung von Innentafel und Hülle zwei VAT-Nummern unter Nr. 73.

Von den Siegeln auf den hier publizierten Tafeln sind die auf Nr. 15, 22 und 71 von A. Moortgat, ZA NF 13 (1942), 50ff., veröffentlicht worden, die auf Nr. 12, 23, 26 und 35 von U. Moortgat-Correns, Vorderasiatische Archäologie (Festschrift A. Moortgat), Berlin 1964, 165ff. (Nr. 3, 10, 7 und 4).

Im folgenden Verzeichnis der Fundnummern sind die Texte, entsprechend den Angaben in OMA I (die Seitenzahlen beziehen sich hierauf) bzw. OMA II, den einzelnen Herrschern zugewiesen worden. Soweit sich Abweichungen ergeben, werden diese in der Inhaltsübersicht begründet oder gehen auf Vorschläge von Herrn Dr. Claudio Saporetti zurück, dem an dieser Stelle herzlich für die Ergänzung dieser Angaben gedankt sei. Herrn Dr. Walter Farber danke ich für einen Lesungsvorschlag zu Nr. 42.

VERZEICHNIS DER TAFELN NACH DEN FUNDNUMMERN

Fund-Nr.	Inv.-Nr.	Heft-Nr.	Eponym	König
Assur 6096 ay	VAT 9378	61	Sîn-šēja	
6096 s	9405	68	Sîn-šēja	
10997 al ?	15474	6	Aššur-mušabši mār Anu-mušallim (127 f.)	Sa-TN
11007 l ?	15536	28	Aššur-mušabši mār Anu-mušallim (127 f.)	Sa-TN
11017	18046	29	undatiert	
11018 a	16360	2	undatiert	
11018 d	16363	18	undatiert	Sa-TN (?)
11018 h	16367	15	Etel-pî-Aššur (215 f.)	TN
11018 l	16370	7	Aššur-nādin-apli (132)	TN (!)
11018 m	16371	8	Aššur-zēra-iddina (147)	TN
11018 n	16372	31	undatiert	
11018 o	16373	4	Abattu mār Adad-šūmu-lēšir (II 41)	Sa-TN
11018 q	16374	13	Abattu (II 41)	Sa-TN
11018 t	16375	71	undatiert	
11019 g	8596	22	Abattu (II 41)	Sa-TN
13058 ad	18030	30	Erīb-Aššur (205)	Tp
13058 ar	18026	54	Aššur-šallimšunu (139 f.)	Tp
13058 b	18028	72	Datum beschädigt	
13058 be	18027	63	Ibri-šarri (233)	
13058 cd	18025	59	Datum nicht erhalten	
13058 cd (?)	18014	67	Adad-uballiṭ (68 f.)	TN (?)
13058 ds	18035	53	Datum nicht erhalten	Ninurta-apil-ekur (vgl. 351 f.)
13058 eg	18034	51	Ātammar-dēn-Aššur und Adad-mušabši	NtA (?)
13058 ? ei	18031	35	undatiert	
13058 fb	18029	64	Datum nicht erhalten	
13058 fd	18011	65	Usāt-Marduk (510)	Sa
13058 hw	18022	55	Datum nicht erhalten	
13058 o	18032	43	Ikkāru (241)	Tp
13058 r	18023	34	Aššur-apla-iqīša (105)	Tp (?)
13058 tl	18024	24	Ellil-nīrāri (?; vgl. 201)	Enlil-nīrāri (?)
13319 f	18047	3	Datum nicht erhalten	
14327 ab	9027	47	Bēr-išmanni (II 41)	Adn-TN
14327 df	8850	48	Rīš-Aššur (381 f.)	Adn-Sa
14446 a	18044	33	undatiert (?)	
14446 a (aa ?)	18041	37	Ibašši-ilī (II 32 f.)	Aub (?)
14446 b	18042	38	Ilī-ēriš mār Bēl-nāṣir (244)	EAd-Aub
14446 c	18043	41	Ṭāb-Aššur (484)	Aššur-rīm-nišēšu
14446 cx	18044	60	Marduk-le'i	vor Aššur-uballiṭ (?)

Fund-Nr.	Inv.-Nr.	Heft-Nr.	Eponym	König
14446 d	8898	36	Datum nicht erhalten	
14886 p	8704	45	undatiert	
14987 ad	8628	32	Datum nicht erhalten	
15147	18049	19	Adad-mušēzib (50)	Aub
16008 l	18003	39	Ištar-ēriš mār Šulmānu-qarrād (265f.)	Sa
18771 ba	16398	49	Tukultī-apil-ešarra (481f.)	Tp
18771 bg s?	16399 u. 16400	73	Tukultī-apil-ešarra (481f.)	Tp
18771 s	16399	70	Tukultī-apil-ešarra (481f.)	Tp
18771 v	16403	52	Datum beschädigt	
18771 x	16404	16	Datum nicht erhalten	
18773 v	16397	66	Datum nicht erhalten	
18777 o	18055	11	Mudammeq-Bēl (327)	Tp
18782 ab	16389	25	Ninurta-aḫa-iddina (351)	Tp
18782?/3?/4? bg	13084	62	Ḫijašāju (223f.)	Tp
18783? as	18010	10	Ḫajašāju (223f.)	Tp
18783 n	18037	56	Šulmānu-aḫa-iddina	Tp (?)
18784? k	18008	21	Ištu-Aššur-ašāmšu (269)	Tp
18789 (?)	18059	57	U?...	?
20041	18056	69	undatiert	
21101 s	18057	42	Ilī-iddina (245)	Tp
ohne Nr., ip	18013	23	Taklāk-ana-Aššur (476f.)	Tp
T (Tulūl ʿAqīr) 225 VIII	17999	1	Datum nicht erhalten	TN
ohne Nr.	8707	58	undatiert	
ohne Nr.	18004	5	Šulmānu-šuma-uṣur (469)	TN
ohne Nr. T (?)	18000	9	Qarrād-Aššur mār Aššur-iddin (vgl. 373f.)	TN (!)
ohne Nr.	18012	12	Abattu (24f.)	TN (?)
ohne Nr.	16381	14	Qarrād-Aššur mār ... (vgl. 373f.)	TN
ohne Nr.	16382	17	Ninu'āju (349ff.)	TN
ohne Nr.	18019	20	Erīb-Aššur (205)	Tp (?)
ohne Nr.	18009	26	Abattu (24)	TN
ohne Nr. T (?)	18002	27	Aššur-zēra-iddina (147f.)	TN
ohne Nr. T (?)	18017	40	Abī-ilī mār Katiri (28)	TN (!)
ohne Nr	18016	44	Sīqi-ilāni (409)	Sa (?)
ohne Nr.	18015	46	Etel-pî-Aššur (215f.)	TN
ohne Nr.	18020	50	Sarniqu (390)	TN

INHALTSÜBERSICHT

1 VAT 17999, ungesiegelt, Fund-Nr. T 225 VIII. Liste über den Empfang von Verpflegungsrationen für die Arbeitskräfte und anderes Personal in Kār-Tukultī-Ninurta sowie für Truppen, weitere Personen und Tiere. Bearbeitung von H. Freydank, AoF 1 (1974), 55–89, s. ders. in AoF 4 (1976), 127f. Zur Umschrift und dementsprechend zur Übersetzung ergeben sich, abgesehen von einigen Ungenauigkeiten in der Bezeichnung schlecht erhaltener Zeichen, folgende Korrekturen, die z. T. nach einer weiteren Reinigung der Tafel notwendig wurden: Vs. I 5′: ⸢9? *me* für 6 ⸢*me*; I 12′: *ša* ⸢U$_4$.11.K⸣ÁM für *ša*⸣ *pi-i*; I 15′: *ša* U$_4$.11.⸢KÁ⸣M für *ša p*⸢*i-i*⸣; II 11′: ⸢6 A⸣NŠE für 5? ANŠE; III 3: *in* für LUGAL; III 15: *šá* für *ša*; III 33: 1 ⸢ANŠE⸣ für x ⸢ANŠE⸣; III 48: 1 ⸢me⸣ x[für 1 x[; IV 10: ⸢*p*⸣*i* für ⸢*w*⸣*a*?; IV 14: -*s*[*u*] für -*s*[*u*; IV 36: 1 ⟨PI⟩ 1 BÁN $2^1/_2$ SÌLA für 1 ⟨PI⟩ $2^1/_2$ SÌLA; IV 38: ^{d}IŠDAR-KAM? *ma-ḫi-ir* für ^{d}IŠDAR-*a*?-x x; IV 48: *i*+*na* für *ša*; IV 50: URU? für *ù*!.

2 VAT 16360, ungesiegelt, Fund-Nr. Assur 11018 a, vgl. OMA II 306. Notiz über Schaf(e) zur Vorzeichenschau (?; vgl. CAD B 28 sub bā'erūtu B) vor der Ištar des Himmels; undatiert.

3 VAT 18047, ungesiegelt, Fund-Nr. Assur 13319 f. Teil der Vs.? eines Vertrages über Immobilien, nennt *Aššur-u*]*ballit uklum mār I*[*rība-Adad* (Z. 7′).

4 VAT 16373, ungesiegelt, Fund-Nr. Assur 11018 o, vgl. OMA II 307. Quittung über den Empfang einer Kette.

5 VAT 18004, ungesiegelt, ohne Fund-Nr. Verzeichnis der „Großen" einiger ziviler und militärischer Mannschaften und einiger Städte. Zu diesem Text s. Verf. in AoF 4 (1976), 111ff. Das Auftreten eines Eponymen Šulmānu-šuma-uṣur macht eine entsprechende Lesung für TR 2021:22 (vgl. OMA I 469) sehr wahrscheinlich.

6 VAT 15474, ungesiegelt, Fund-Nr. Assur 10997 al? (nach Tafel), vgl. OMA II 297. Protokoll, bearbeitet von H. Hirsch, AfO 23 (1970), 79–83, s. dazu H. Freydank, OLZ 66 (1971), 534–536.

7 VAT 16370, ungesiegelt, Fund-Nr. Assur 11018 l, vgl. OMA II 307. Verzeichnis von Broten, Gefäßen und anderen Gegenständen. OMA I 132 wohl versehentlich Tp (=Tiglat-pileser) für TN (Tukultī-Ninurta), vgl. E. Weidner, AfO 13 (1939–1941), 113.

8 VAT 16371, ungesiegelt, Fund-Nr. Assur 11018 m, vgl. OMA II 307. Urkunde über den Empfang und die Rückzahlung von Getreide.

9 VAT 18000, ungesiegelt, ohne Fund-Nr. Liste über den Empfang von Naturalien in Kār-Tukultī-Ninurta; bearbeitet von H. Freydank, AoF 1 (1974), 55–89. In der Bearbeitung ist Z. 6 [24 A]NŠE ŠE.Ì.GIŠ.MEŠ versehentlich ausgelassen worden. Die Zeilenzählung auf S. 78ff. sowie der erste Abschnitt auf S. 83 sind entsprechend zu korrigieren. Z. 37 lies wohl [*ša i*]+*na* KUR. . . . . Zum Eponymen *Qarrād-Aššur mār Aššur-iddin* vgl. auch Nr. 14; OMA I 374 hat versehentlich Tp statt TN.

10 VAT 18010, gesiegelt, Fund-Nr. vermutlich Assur 18783 as, vgl. OMA I 223. Urkunde über Pfeile (*lištaḫu*, vgl. zu Nr. 63 und Nr. 72) und ihre Verwendung, erwähnt die Städte Arbā-il, Libbi-āli, Tarbaṣ-Bēlat?-Ekallim sowie die Länder Ebeḫ und Kalda(jē). Zu Tarbaṣ-Bēlat?-Ekallim vgl. Nr. 28:16 (s. AoF 1, 361f.), wo trotz des fehlenden Determinativs hiernach sicher ein Ortsname vorliegt.

11 VAT 18055, ungesiegelt, Fund-Nr. Assur 18777 o, vgl. OMA II 299. Quittung über den Empfang von Getreide.

12 VAT 18012, gesiegelt, ohne Fund-Nr. Urkunde über die Verpflegung von fremdländischen Mannschaften in Verbindung mit der Stadt Libbi-āli. Das Siegel ist bearbeitet von U. Moortgat-Correns, Festschrift A. Moortgat, 169f. mit Abb. 3.

13 VAT 16374, gesiegelt, Fund-Nr. Assur 11018 q, vgl. OMA II 307. Brief des Aššur-amranni an Ubru.

14 VAT 16381, ungesiegelt, ohne Fund-Nr. Urkunde über Säulen und ihre Herkunft und Verwendung, bearbeitet und bereits in einer Autographie F. Köchers publiziert von E. Weidner, AfO 17 (1954–1956), 145f. u. Tf. V; einige Kollationsergebnisse bei H. Freydank, OLZ 66 (1971), 553f.

15 VAT 16367, Innentafel und Hülle, Hülle gesiegelt, Fund-Nr. Assur 11018 h, vgl. OMA II 306f. Brief des Adad-ēriš an Ḫabirni. Nennt eine Stadt Ša-pî-mašar (Z. 15). Das Siegel ist bearbeitet von A. Moortgat, ZA NF 13, 65.

16 VAT 16404, gesiegelt, Fund-Nr. Assur 18771 x, Hüllenfragment.

17 VAT 16382, ungesiegelt, ohne Fund-Nr. Verfügung für Uṣur-namkur-šarri. Die Tafel wurde bereits als VAT 16381 (zu dieser VAT-Nr. s. jetzt Nr. 14) von E. Weidner, AfO 13, 114 u. Tf. VI besprochen bzw. in Autographie veröffentlicht.

18 VAT 16363, ungesiegelt, Fund-Nr. Assur 11018 d, vgl. OMA II 306. Notiz über Arbeitskräfte in der Verfügung des Ubru; undatiert.

19 VAT 18049, gesiegelt, Fund-Nr. Assur 15147, vgl. OMA II 322. Rechtsurkunde über ein Darlehen.

20 VAT 18019, gesiegelt, ohne Fund-Nr. Rechtsurkunde über 20 Bogen und ein Feld.

21 VAT 18008, ungesiegelt, ohne Fund Nr., Assur . . . k. Die Zugehörigkeit zum Fundkomplex Assur 18784 ist aus inhaltlichen Gründen (vgl. dazu E. Weidner, AfO 10 [1935–1936], 28 Anm. 213), da der Eponym Ištu-Aššur-ašāmšu (Z. 25; vgl. OMA I 269) auftritt und zumal 18784 k im Verzeichnis OMA II 324 noch fehlt, nicht unwahrscheinlich. Verzeichnis von Getreidemengen des *gina'u*-Opfers in der Verfügung mehrerer Personen bzw. Häuser.

22 VAT 8596, Innentafel und Hülle, Hülle gesiegelt, Fund-Nr. Assur 11019 g, s. E. Weidner, AfO 13, 111. Brief des Erib-Aššur an Digla-ēriš, bereits veröffentlicht und bearbeitet von E. Ebeling als KAJ 316 bzw. in MAOG 7, H. 1/2 (1933), 23f. Das Siegel ist bearbeitet von A. Moortgat, ZA NF 13, 62.

23 VAT 18013, gesiegelt, ohne Fund-Nr., Assur . . . ip. Urkunde über Zedernholz aus dem Lande Ḫatte für das Rauchopfer. Das Siegel ist bearbeitet von U. Moortgat-Correns, Festschrift A. Moortgat, 175f. mit Abb. 11; der Eponym Taklāk-ana-Aššur datiert nun das Siegel wahrscheinlich in die Zeit Tiglatpilesars I.

24 VAT 18024, gesiegelt, Fund-Nr. Assur 13058 tl. Verzeichnis von Textilien und Wolle. Vielleicht aus dem Eponymat des Ellil-nīrāri (l. Rd. 23': -ERÍN.D]UḪ PA-*lum*), aber auch Aššur-nīrāri ist wohl nicht auszuschließen (vgl. OMA I 201 u. 134).

25 VAT 16389, Innentafel und Hülle gesiegelt, Fund-Nr. Assur 18782 ab, vgl. OMA II 307. Urkunde über den Empfang von Getreide als *gina'u*-Opfer.

26 VAT 18009, gesiegelt, ohne Fund-Nr. Urkunde über Mehl zur Verpflegung fremdländischer Mannschaften. Das Siegel ist bearbeitet von U. Moortgat-Correns, Festschrift A. Moortgat, 174 mit Abb. 8; durch die Nennung von Kār-Tukultī-Ninurta ist auch das Siegel eindeutig nicht später als 2. Hälfte des 13. Jahrhunderts.

27 VAT 18002, ungesiegelt, ohne Fund-Nr., möglicherweise aus Kār-Tukultī-Ninurta. Urkunde über eine Schenkung von Wolle auf Befehl des Königs an subaräische Mannschaften und Mannschaften aus den Ländern Katmuḫi und Na'iri sowie einzelne Bauleute.

28 VAT 15536, ungesiegelt, Fund-Nr. Assur 11007 l? (nach Tafel), vgl. OMA II 297. Protokoll, bearbeitet von H. Freydank, AoF 1 (1974), 361–363.

29 VAT 18046, ungesiegelt, Fund-Nr. Assur 11017, vgl. OMA II 297. Verzeichnis von Gefäßen und anderen Gegenständen; undatiert. Da in vorliegender Edition die Rasur als Z. 8 mitgezählt worden ist, verschieben sich die Stellenangaben des AHw um eine Zeile.

30 VAT 18030, ungesiegelt, Fund-Nr. Assur 13058 ad, vgl. OMA I 205. Quittung über den Empfang von drei Mahlsteinen (*erû*) und drei oberen Mahlsteinen (*narkabu*).

31 VAT 16372, ungesiegelt, Fund-Nr. Assur 11018 n, vgl. OMA II 307. Notiz über Rinder; undatiert.

32 VAT 8628, gesiegelt, Fund-Nr. Assur 14987 ad. Bruchstück einer Rechtsurkunde, nennt einige Zeugen.

33 VAT 18040, ungesiegelt, Fund-Nr. Assur 14446 a (s. auch Nr. 37). Urkunde über Sesam, die Lieferung von Öl, Riegeln u. a.

34 VAT 18023, ungesiegelt, Fund-Nr. Assur 13058 r, vgl. OMA I 105. Notiz über die Ausgabe von Materialien für die Arbeit der (Streit)wagenbauer.

35 VAT 18031, gesiegelt, Fund-Nr. Assur 13058? ei. Liste über die Lieferung von Naturalien (Getreiderationen?) an eine Reihe von Personen. Das Siegel ist bearbeitet von U. Moortgat-Correns, Festschrift A. Moortgat, 170f. mit Abb. 4.

36 VAT 8898, ungesiegelt, Fund-Nr. Assur 14446 d. Fragment einer Rechtsurkunde über ein Darlehen?.

37 VAT 18041, gesiegelt, Fund-Nr. Assur 14446 a (aa?) (s. schon Nr. 33). Arrogationsvertrag über zehn Jahre.

38 VAT 18042, gesiegelt, Fund-Nr. Assur 14446 b. Urkunde über die Vernichtung von Urkunden (?), die u. a. Schafwolle und Getreide zulasten einer Person betreffen.

39 VAT 18003, gesiegelt, Fund-Nr. Assur 16008 l. Brief des Bābu-aḫa-iddina an den Statthalter von Amasaki (vgl. E. Weidner, AfO 19 [1959–1960], 39; s. auch H. Freydank, FuB 16 [1974], 7 u. Anm. 5).

40 VAT 18017, gesiegelt (Siegel mit Legende), ohne Fund-Nr., vielleicht aus Kār-Tukultī-Ninurta. Urkunde über eine Schenkung von Getreide auf Befehl des Königs an zwei hochgestellte Palastdamen. – Obwohl das

Auftreten des Eponymen *Abī-ilī mār Katiri* (OMA I 28) auf einer Tafel des Fundkomplexes Assur 18782 (s. E. Weidner, AfO 13, 311) in die Zeit Tiglatpilesars I. zu weisen scheint, ist dieser Eponym nach vorliegender Tafel und auf Grund einer weiteren Erwähnung mit Filiation in einem unveröffentlichten Text (VAT 18001) eindeutig der Regierungszeit Tukultī-Ninurtas I. zuzuordnen.

41 VAT 18043, gesiegelt, Fund-Nr. Assur 14446 c. Urkunde über die Vergabe eines Palastanteils durch den *uklum* Aššur-rīm-nišēšu. Damit ist der Eponym Ṭāb-Aššur (vgl. OMA I 384) eindeutig in die Regierungszeit dieses Königs zu datieren.

42 VAT 18057, gesiegelt, Fund-Nr. Assur 21101 s. Urkunde über den Empfang von Drogen durch einen Beschwörer. Der Eponym Ilī-iddina ist in Privaturkunden bisher nicht bezeugt (vgl. OMA I 245). Zu diesem Text und zu BAM 263 s. demnächst W. Farber und Verf. in AoF 5.

43 VAT 18032, ungesiegelt, Fund-Nr. Assur 13058 o, vgl. OMA I 241 u. II 298. Es handelt sich hier um den von E. Weidner, AfO 16 (1952–1953), 215 zitierten Text. Die Urkunde betrifft den Empfang (?) von bronzenen Gefäßen in Verbindung mit dem Land Ḫabḫa (Z. 6 u. 9) und die Ausgabe von Bronze zur Verarbeitung.

44 VAT 18016, gesiegelt, ohne Fund-Nr. Urkunde über den Empfang von Getreide als Pferdefutter.

45 VAT 8704, ungesiegelt, Fund-Nr. Assur 14886 p. Urkunde über für verschiedene Monate gebrachtes Getreide.

46 VAT 18015, gesiegelt, ohne Fund-Nr. Das Siegel ist bearbeitet von U. Moortgat-Correns, Festschrift A. Moortgat, 171 f. mit Abb. 5.

47 VAT 9027, gesiegelt, Fund-Nr. Assur 14327 ab. Liste über den Empfang und die Verteilung von Getreide und Schafen an Erntearbeiter.

48 VAT 8850, ungesiegelt, Fund-Nr. Assur 14327 df. Bruchstück einer Urkunde über den Empfang$^{?}$ eines größeren Postens Getreide$^{?}$. Da auch KAJ 54 (VAT 8962) die Fund-Nr. Assur 14327 trägt und in das Eponymat des Rīš-Aššur zu datieren ist, sollte hier in Rs. 4′ mit Sicherheit Rīš-[Aššur ergänzt werden.

49 VAT 16398, gesiegelt, Fund-Nr. Assur 18771 ba, vgl. OMA II 298. Abrechnung über die Ausgabe von Getreide bzw. Brot und Bier als Verpflegung.

50 VAT 18020, ungesiegelt, ohne Fund-Nr. Notiz über vier Schafe für (Opfer)mahlzeiten an zwei Tagen.

51 VAT 18034, ungesiegelt, Fund-Nr. Assur 13058 eg. Verzeichnis von Naturalzuwendungen (?) unter Angabe des Anlasses und Zeitpunktes; nennt die Muški-Leute (Rs. 2′), einen Ninurta-tukul-Aššur (Rs. 3′) und zwei bisher nicht bekannte Eponymen.

52 VAT 16403, gesiegelt, Fund-Nr. Assur 18771 v. Hüllenbruchstück.

53 VAT 18035, gesiegelt, Fund-Nr. Assur 13058 ds. Urkunde über eine Schenkung von Goldschmuck aus Palastbesitz an eine Muballiṭat-. . ., Tochter des Ninurta-apil-Ekur, des Sohnes bzw. Nachkommen des Erība-Adad, eine Priesterin (vgl. E. Weidner, AfO 13, 123). Z. 1 ist bemerkenswerterweise recht wahrscheinlich als [KIŠIB]x-*bu-ri-j*[*a-* aufzufassen, was zufällig (?) einen weiteren Anklang an die prominenten Namen der Zeit Assur-uballiṭs I. bietet.

54 VAT 18026, ungesiegelt, Fund-Nr. Assur 13058 ar, vgl. aber OMA II 316 (?). Urkunde über Wolle.

55 VAT 18022, ungesiegelt, Fund-Nr. Assur 13058 hw. Verzeichnis von Heiligtümern.

56 VAT 18037, ungesiegelt, Fund-Nr. Assur 18783 n. Liste über den Empfang von Getreide und anderen Naturalien aus den Städten Kalḫu, Rimuššu, Dūr-ša-ili, Amasakku, TIN.NA$^{?}$, dem Land Ḫalaḫḫu sowie (aus dem Gebiet) *aḫ* ^{ÍD}*Ḫabur*. Der Datierung des Fundkomplexes entsprechend dürfte der bisher nicht bekannte Eponym Šulmānu-aḫa-iddina in die Zeit Tiglatpilesars I. gehören.

57 VAT 18059, ungesiegelt, ohne Fund-Nr. (Assur 18789$^{??}$). Verzeichnis von überwiegend weiblichen Personen unterschiedlicher Altersklassen$^{?}$. Teilweise sind sie als Sängerinnen (nach IV 44′ der Tašmētu?) gekennzeichnet.

58 VAT 8707, ungesiegelt, ohne Fund-Nr. Verzeichnis von Gefäßen; undatiert.

59 VAT 18025, ungesiegelt, Fund-Nr. Assur 13058 cd (nach Tafel). Urkunde über zum Färben gegebene Ziegenfelle; Datum nicht erhalten. Es handelt sich nicht um den von E. Weidner, AfO 13, 118 erwähnten Text mit dieser Fund-Nr., der hier als Nr. 67 (vgl. dort) veröffentlicht wird und nur cd trägt.

60 VAT 18044, ungesiegelt, Fund-Nr. Assur 14446 cx. Verzeichnis von Mitgliedern der Familie eines Igāršu-ēmed$^{?}$ (s. jedoch hier die irrtümliche$^{?}$ Schreibung ^{mí}*i-gar-še-mi-ni-id*). Der bisher nicht bekannte Eponym Marduk-le'i könnte nach Nr. 38 und 41 in die Zeit vor Aššur-uballiṭ I. gehören.

61 VAT 9378, ungesiegelt, Fund-Nr. Assur 6096 ay. Die Tafel wurde bereits bearbeitet von E. Ebeling, MAOG 7, H. 1/2, 41, und veröffentlicht und besprochen von E. Weidner, AfO 10, 31 u. 45 Nr. 24. Sie betrifft Schafe, die Ninurta-tukul-Aššur als Geschenk dargebracht wurden. Bei den schlecht lesbaren Stellen in Z. 4, 7 u. 8 handelt es sich offensichtlich um Rasuren. In Z. 4 u. 7 ist wohl *a-di* bzw. *ú si*$^{?!}$*-ma-te-šu-nu* getilgt worden.

62 VAT 13084, gesiegelt, ohne Fund-Nr., Assur . . . bg, möglicherweise in einen der Fundkomplexe Assur 18782–18784 gehörig. Urkunde über den Empfang von Honig als *gina'u*-Opfer der Stadt Arbā-il.

63 VAT 18027, gesiegelt, Fund-Nr. Assur 13058 be, vgl. OMA I 233 u. II 316f. (Assur 13058 be ist nicht mit Assur 13058 hh identisch). Urkunde über den Empfang mehrerer hundert Pfeilspitzen und ihre Weitergabe *ana kaṣāri*, also wohl zur Verarbeitung. Zu *qaqqad lištaḫi* vgl. E. Salonen, Die Waffen der alten Mesopotamier, Helsinki 1965 (St. Or. 33), 123–125; zu *lištaḫu* mit Metathese von *š* und *l* gegenüber sonst üblichem *šiltaḫu* vgl. allgemein GAG § 36; *lištaḫu* auch in Nr. 10 u. 72.

64 VAT 18029, gesiegelt, Fund-Nr. Assur 13058 fb. Teil der Rs. einer Urkunde über 125 Paar Zügel.

65 VAT 18011, gesiegelt, Fund-Nr. Assur 13058 fd, vgl. OMA I 510.

66 VAT 16397, gesiegelt, Fund-Nr. Assur 18773 v. Urkunde über Sesam.

67 VAT 18014, ungesiegelt, Fund-Nr. Assur 13058 ? cd (s. aber Nr. 59), vgl. OMA I 68. Urkunde über den Abriß von Ziegeln der Šarrat-nipḫi. – Sieht man von der unklaren Beziehung zu Kār-Tukultī-Ninurta ab, so scheint sich doch hier eine Verbindung zu dem von Salmanassar III. berichteten Bau des Tempels dieser Göttin durch Tukultī-Ninurta, also wohl mit Sicherheit des I., in Assur zu ergeben (vgl. O. Schroeder, AfK 1 [1923], 25f., und E. Weidner, Die Inschriften Tukulti-Ninurtas I. und seiner Nachfolger, Graz 1959 [AfO, Beih. 12], S. 15 u. 44).

68 VAT 9405, ungesiegelt, Fund-Nr. Assur 6096 s. Die Tafel wurde bereits bearbeitet von E. Ebeling, MAOG 7, H. 1/2, 50f. und veröffentlicht und besprochen von E. Weidner, AfO 10, 31 u. 46. Im Hinblick auf den veränderten Erhaltungszustand der Tafel, den schon E. Ebeling im Vergleich zu der Kopie E. Weidners angetroffen hatte, wird die Tafel hier nochmals gebracht. Die Lesung *-bēla-uṣur* (Z. 15, vgl. OMA I 313) scheint nicht sicher.

69 VAT 18056, ungesiegelt, Fund-Nr. Assur 20041. Notiz über den Empfang von Tafeln; undatiert.

70 VAT 16399 a u. b, b gesiegelt, Fund-Nr. Assur 18771 s. Nicht zusammengehörige Hüllenbruchstücke.

71 VAT 16375, Innentafel und Hülle, Hülle gesiegelt, Fund-Nr. Assur 11018 t, vgl. OMA II 307. Brief des Mudammeq-Aššur und des Igāršu-ēmed an Bāltī-libūr; undatiert. Das Siegel ist bearbeitet von A. Moortgat, ZA NF 13, 55f.

72 VAT 18028, ungesiegelt, Fund-Nr. Assur 13058 b. Urkunde über 2000 auf Befehl des Königs gegebene Pfeile. Zu *lištaḫu* s. schon Nr. 63.

73 VAT 16399 (Hülle) + VAT 16400 (Innentafel), beide gesiegelt, Fund-Nr. Assur 18771 bg s ?, vgl. OMA II 299. Urkunde über den Empfang des *gina'u*-Opfers der Stadt Kulišḫina(š); s. dazu schon E. Weidner, AfO 10, 21 Anm. 148.

KONKORDANZ DER MUSEUMSNUMMERN (VAT)

Inv.-Nr.	Heft-Nr.	Inv.-Nr.	Heft-Nr.	Inv.-Nr.	Heft-Nr.
8596	22	16398	49	18025	59
8628	32	16399	70, 73	18026	54
8704	45	16400	73	18027	63
8707	58	16403	52	18028	72
8850	48	16404	16	18029	64
8898	36	17999	1	18030	30
9027	47	18000	9	18031	35
9378	61	18002	27	18032	43
9405	68	18003	39	18034	51
13084	62	18004	5	18035	53
15474	6	18008	21	18037	56
15536	28	18009	26	18040	33
16360	2	18010	10	18041	37
16363	18	18011	65	18042	38
16367	15	18012	12	18043	41
16370	7	18013	23	18044	60
16371	8	18014	67	18046	29
16372	31	18015	46	18047	3
16373	4	18016	44	18049	19
16374	13	18017	40	18055	11
16375	71	18019	20	18056	69
16381	14	18020	50	18057	42
16382	17	18022	55	18059	57
16389	25	18023	34		
16397	66	18024	24		

VAT 17999 — 17,1×29,7

Vs. I

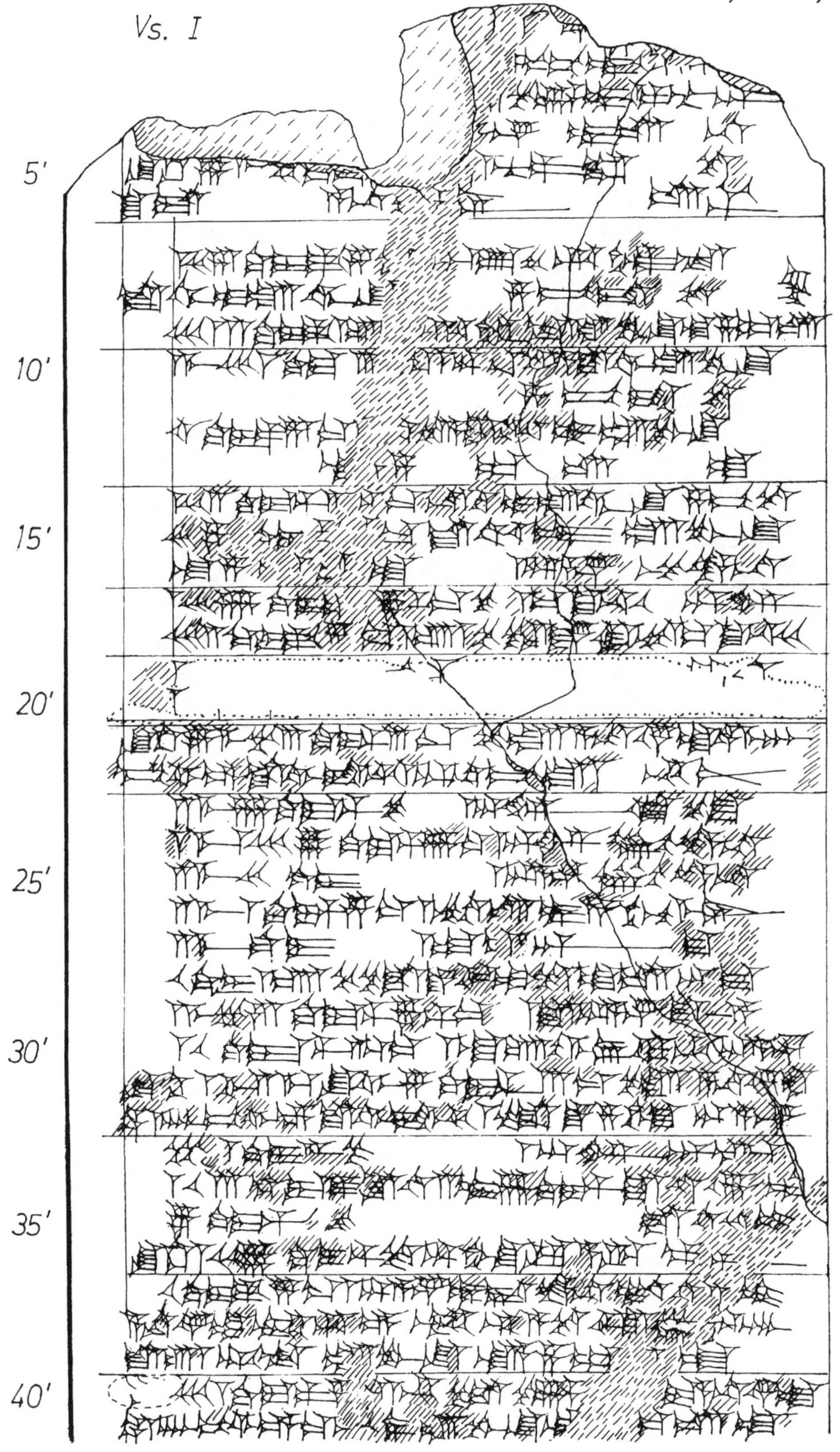

(Forts. n. Seite)

1 (Forts.)

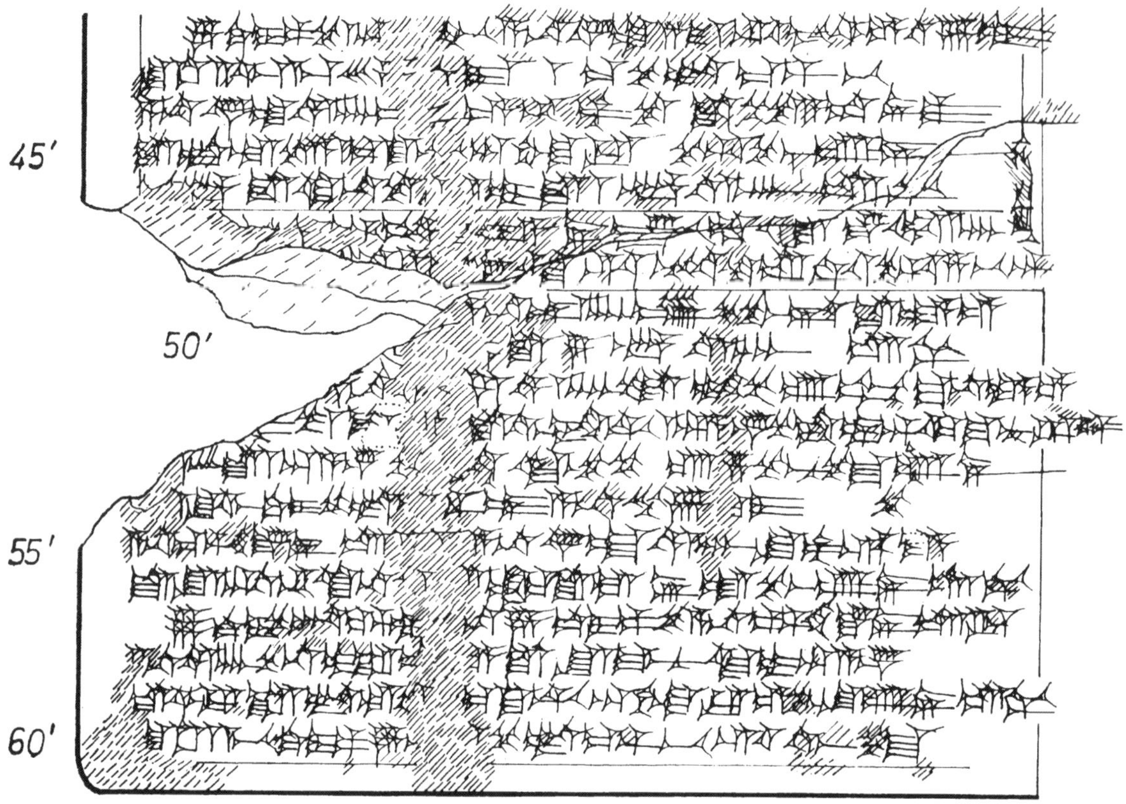

(Forts. n. Seite)

2

VAT 16360 4,7×3,5

Vs.

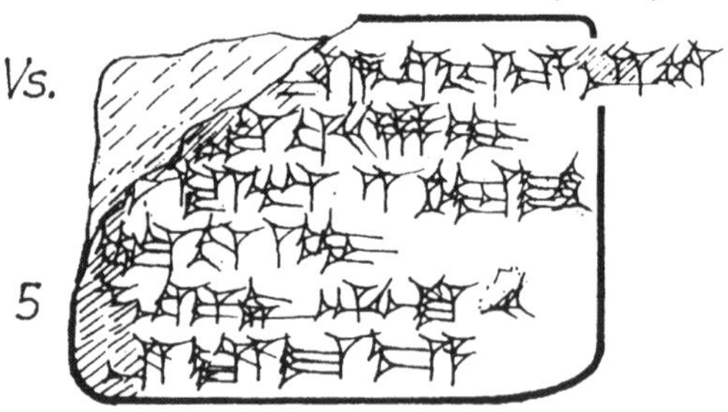

Rs. unbeschrieben

3

VAT 18047 4,9×6,2

Vs.

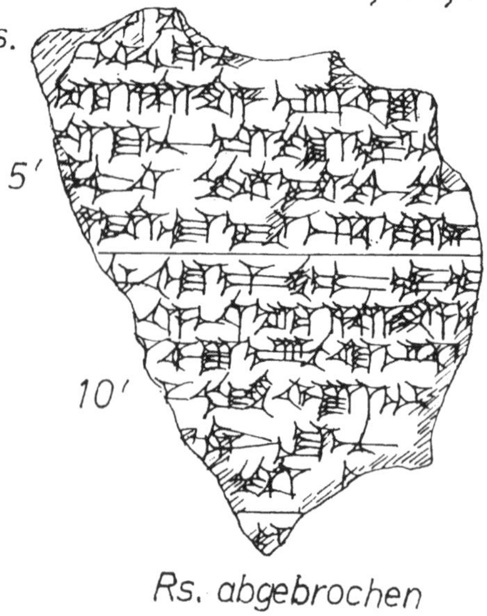

Rs. abgebrochen

1 (Forts.)

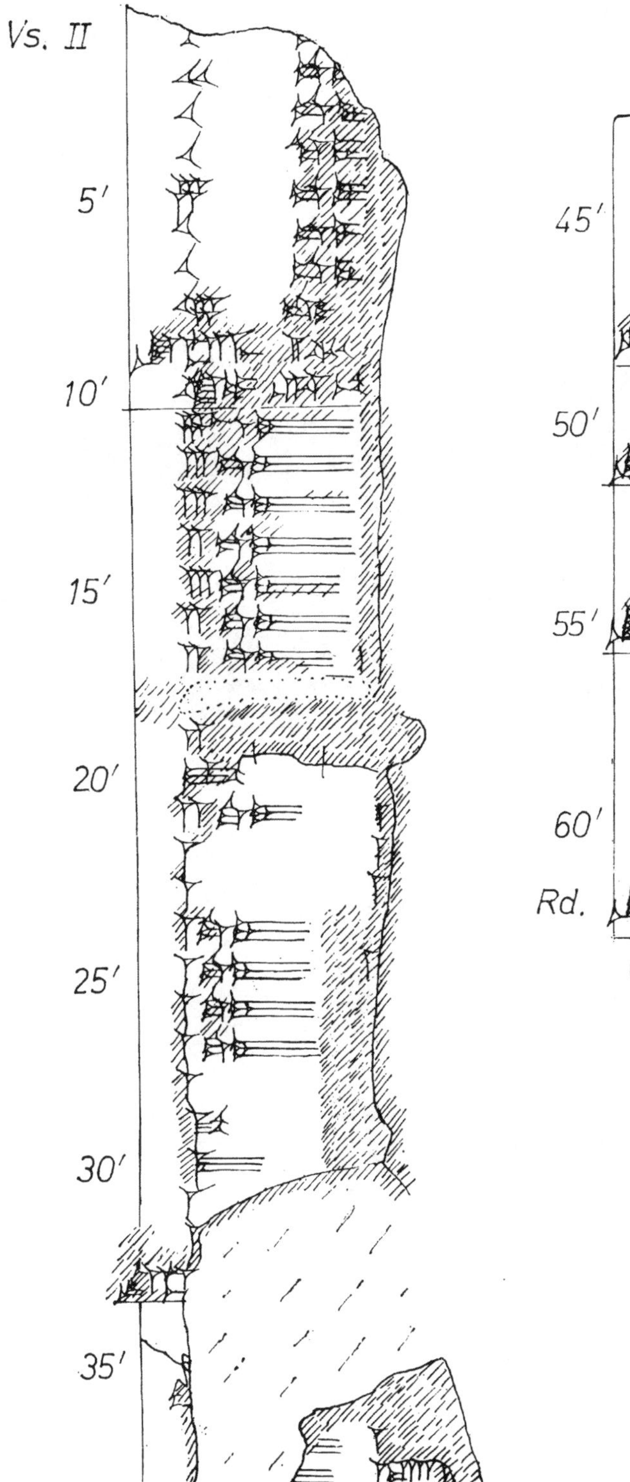

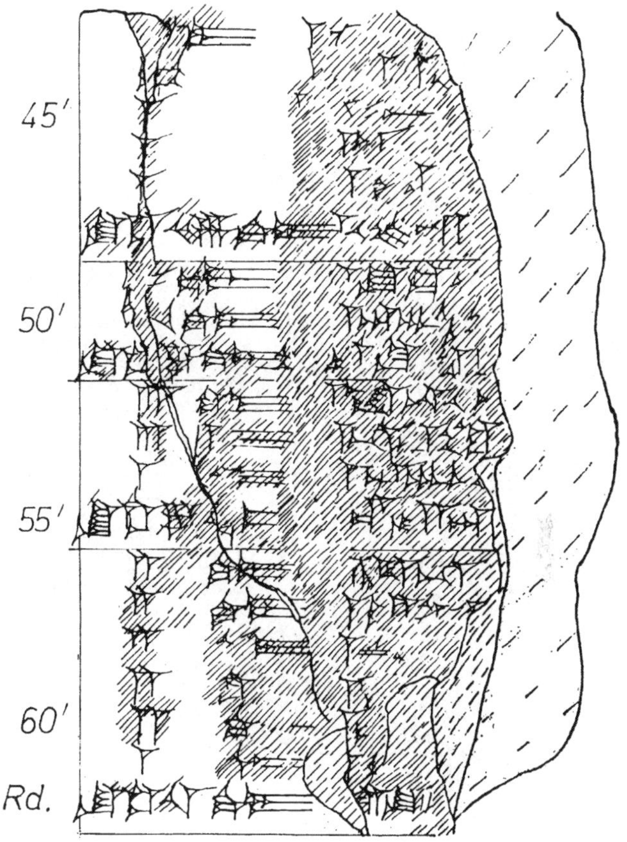

(Forts. n. Seite)

4

VAT 16373 3,7×3,2

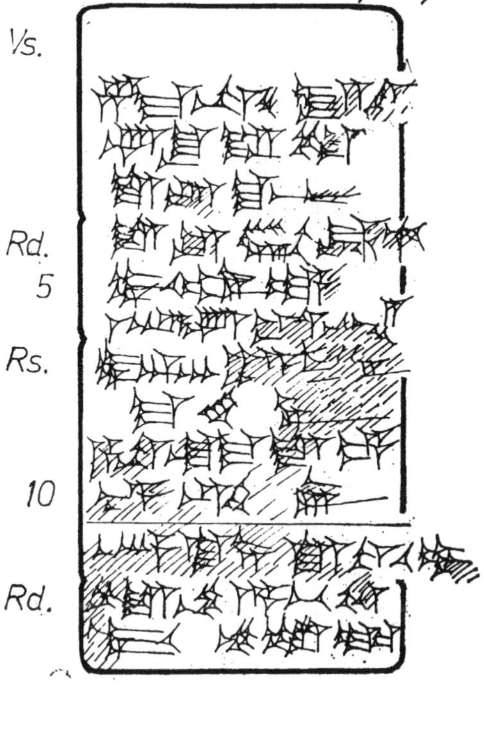

1 *(Forts.)*

Rs. III

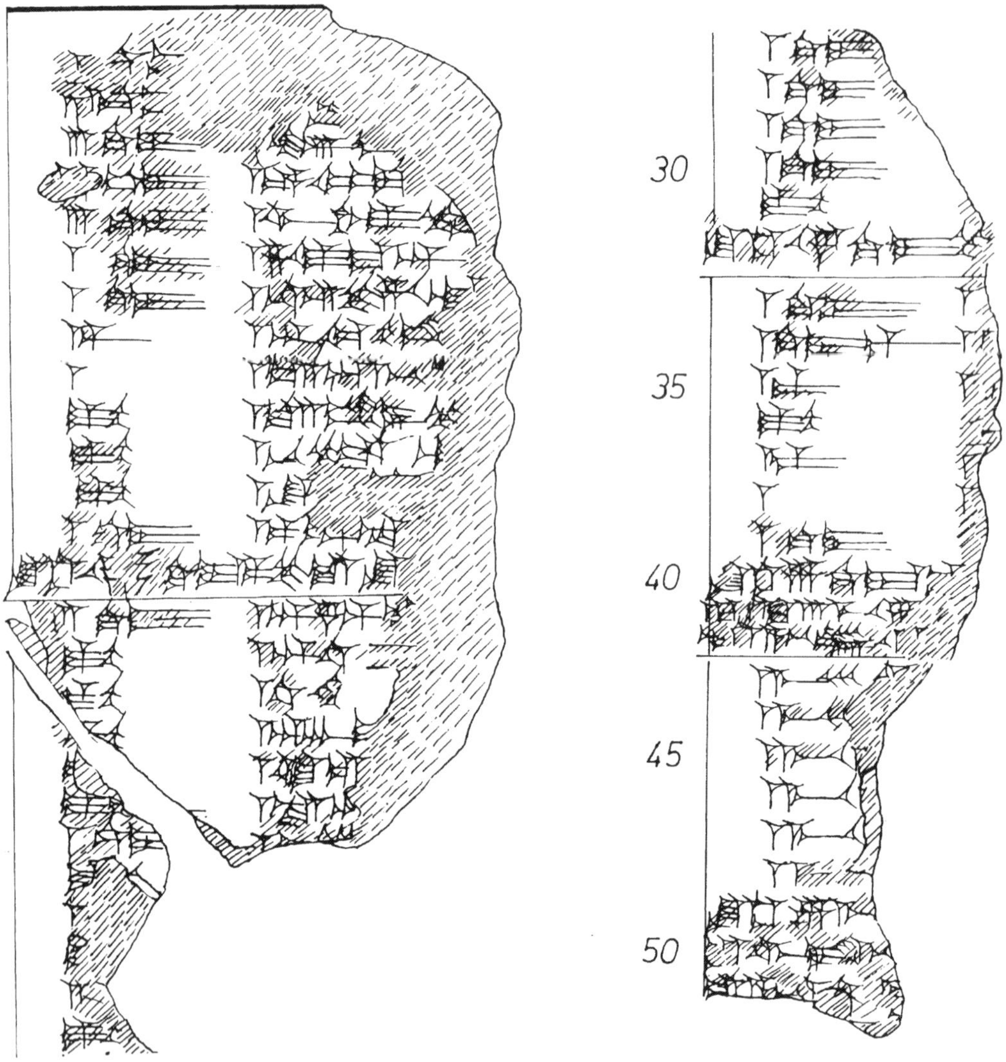

Rs. IV

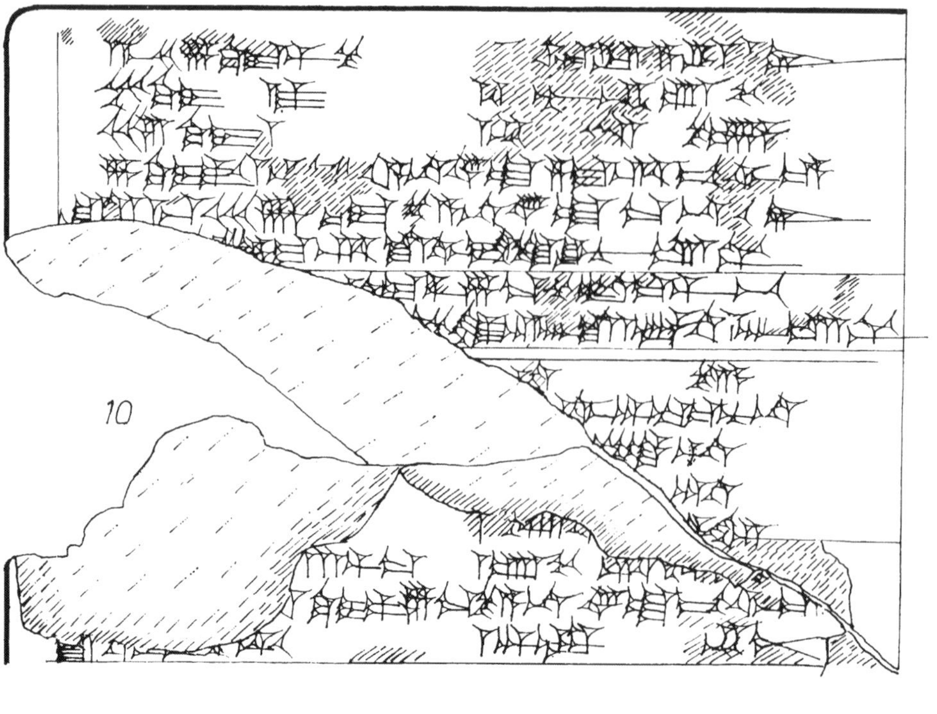

Rs. IV

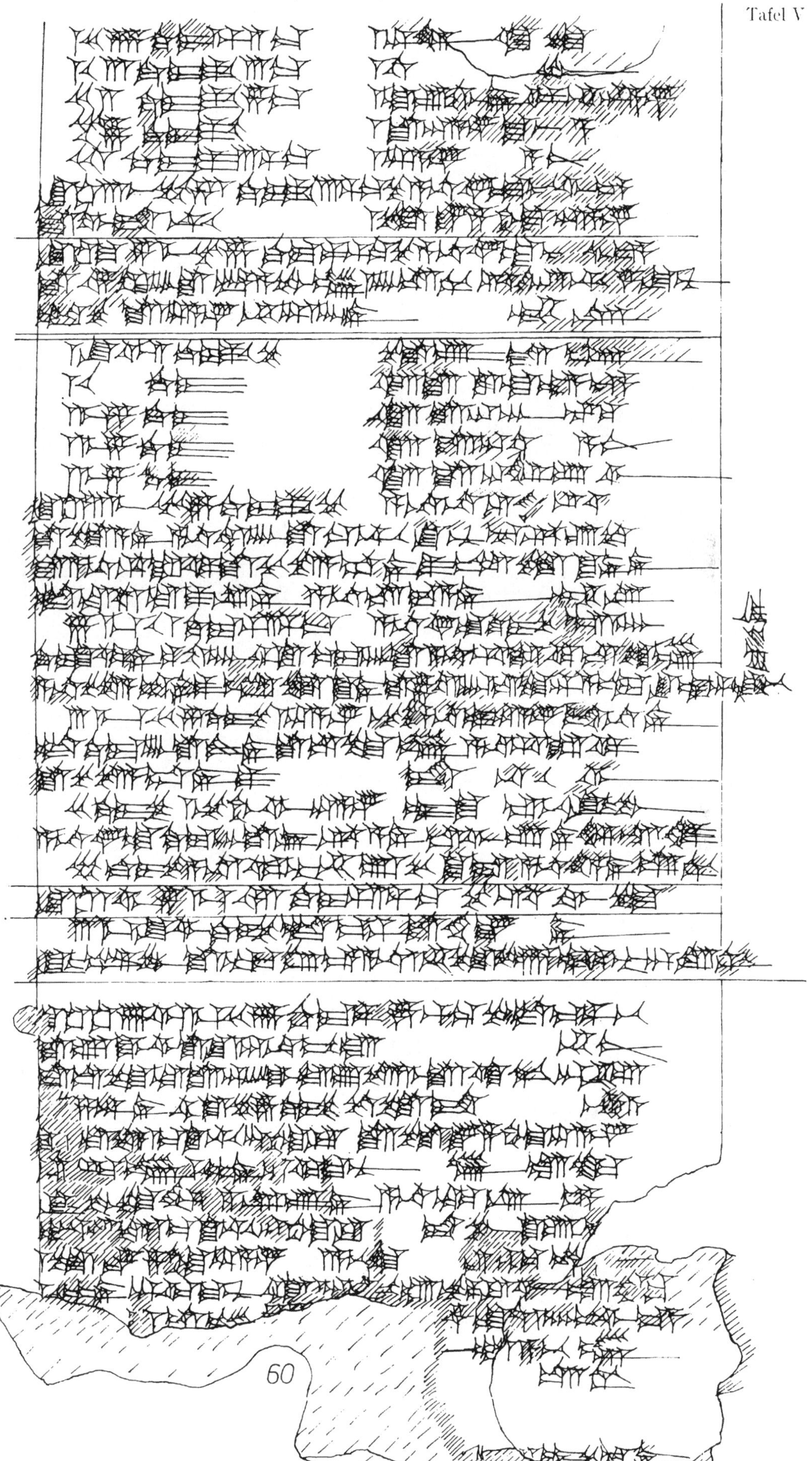

5

VAT 18004 8,0×6,6

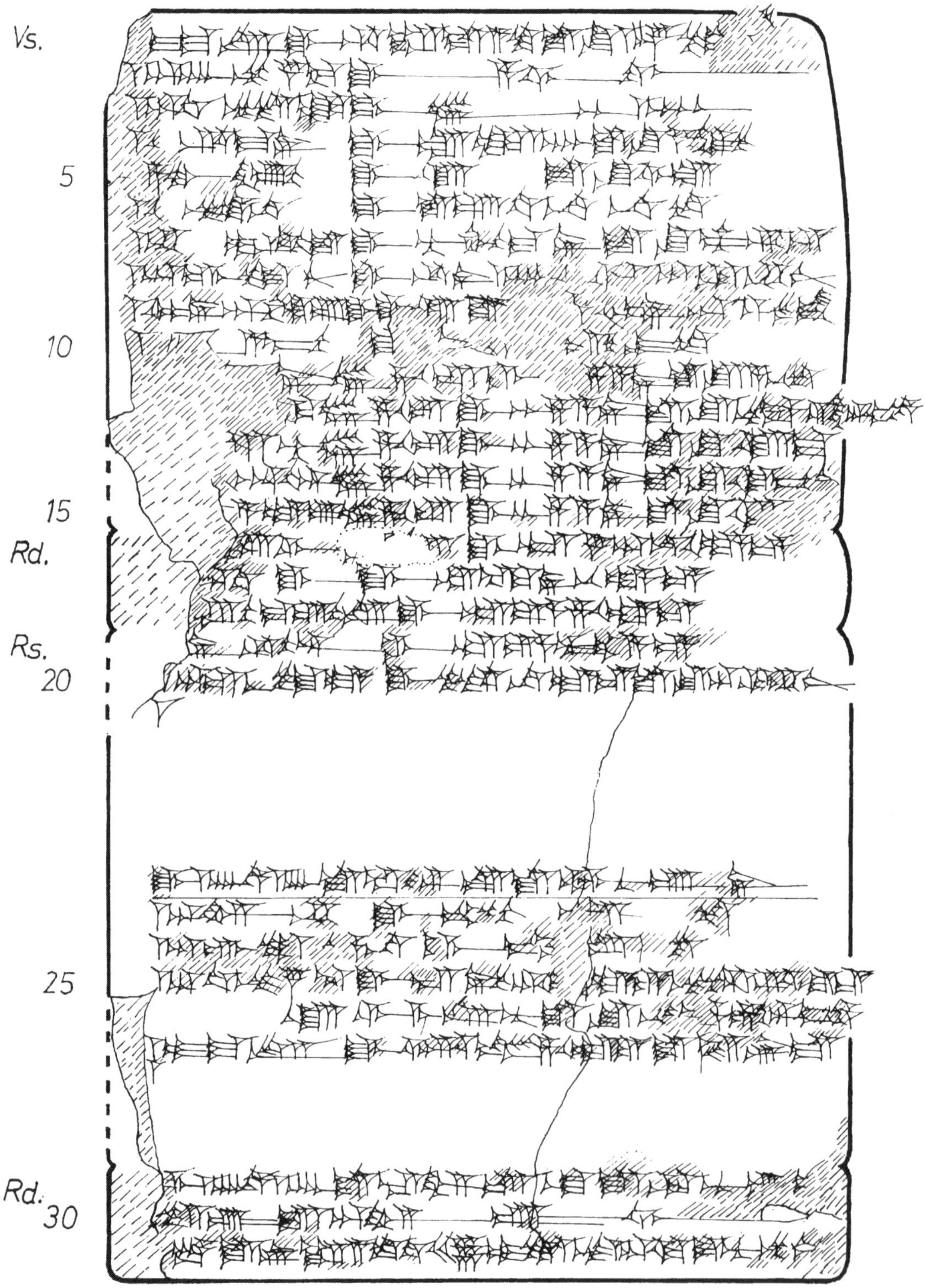

6

VAT 15474 8,7×6,7

Vs.

Rd.

Rs.

Rd.

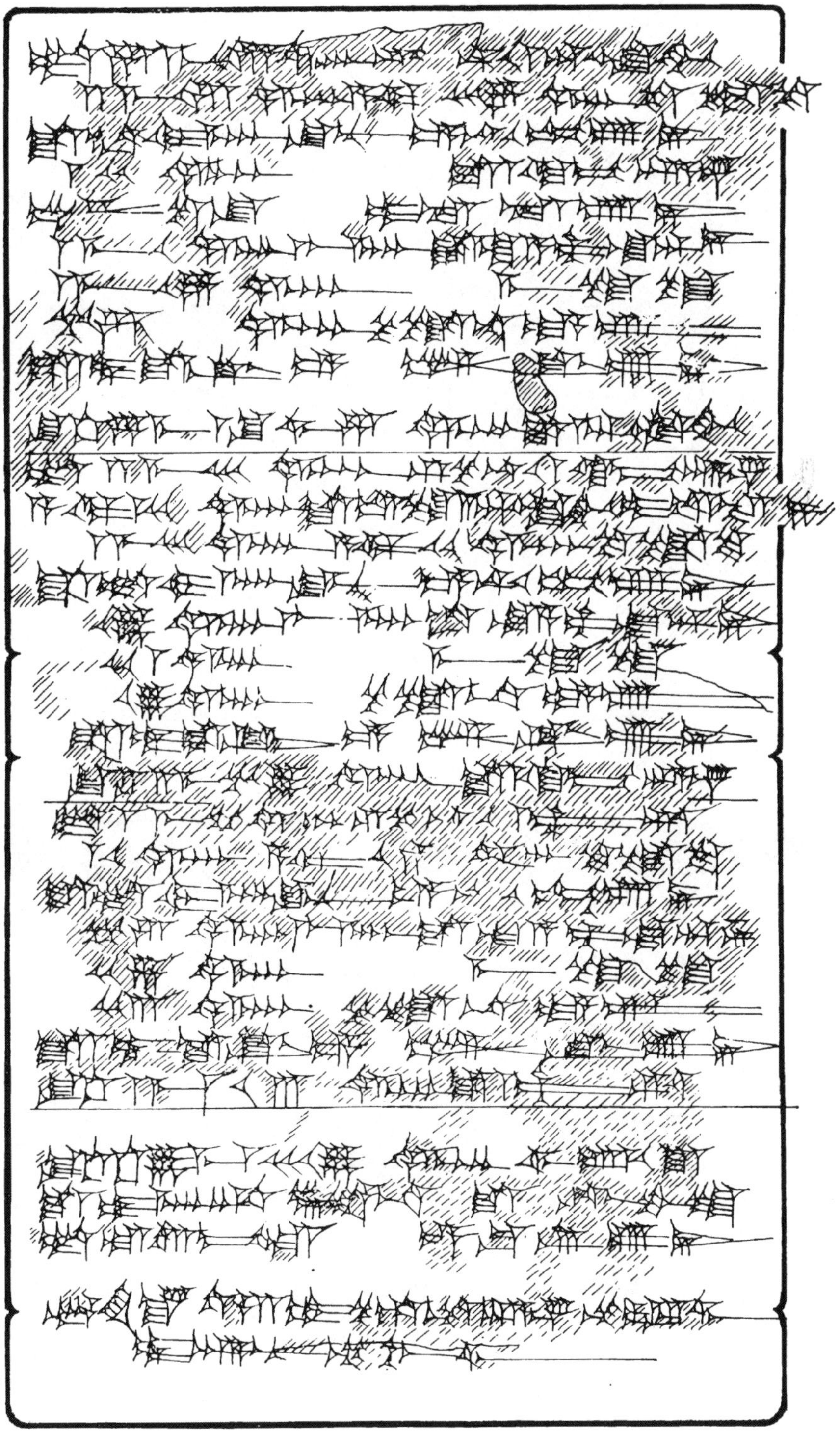

7

VAT 16370 6,1×5,4

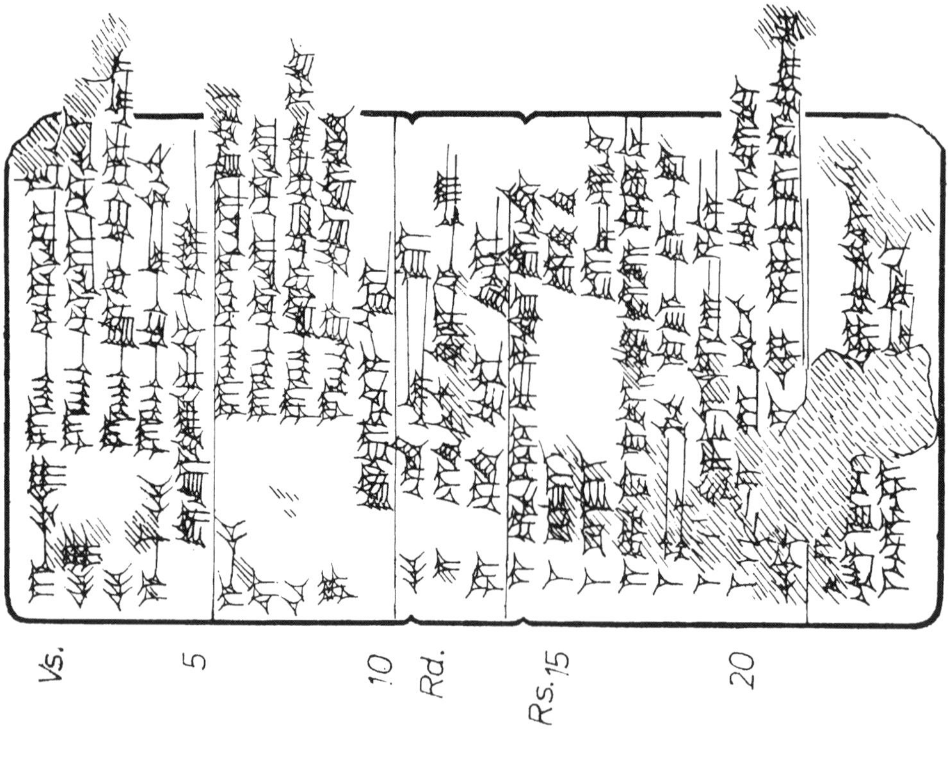

8

VAT 16371 4,0×4,0

VAT 18000 6,2×9,0

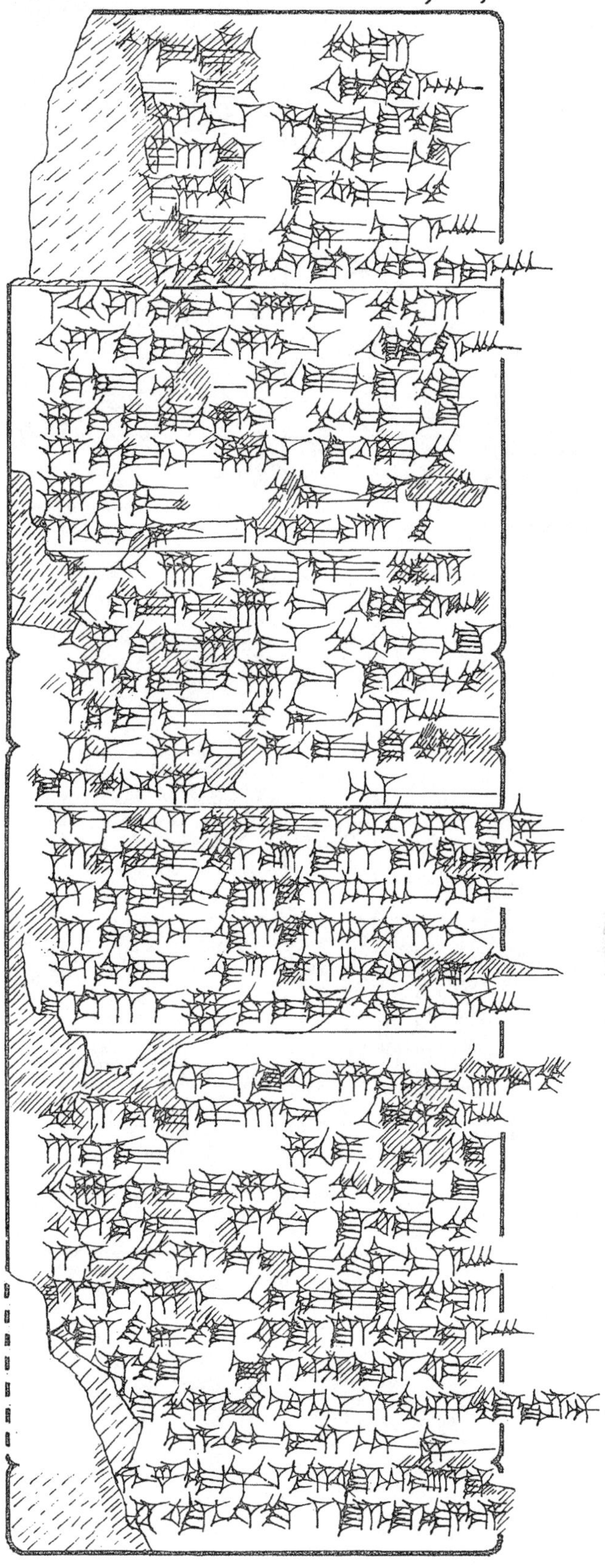

10

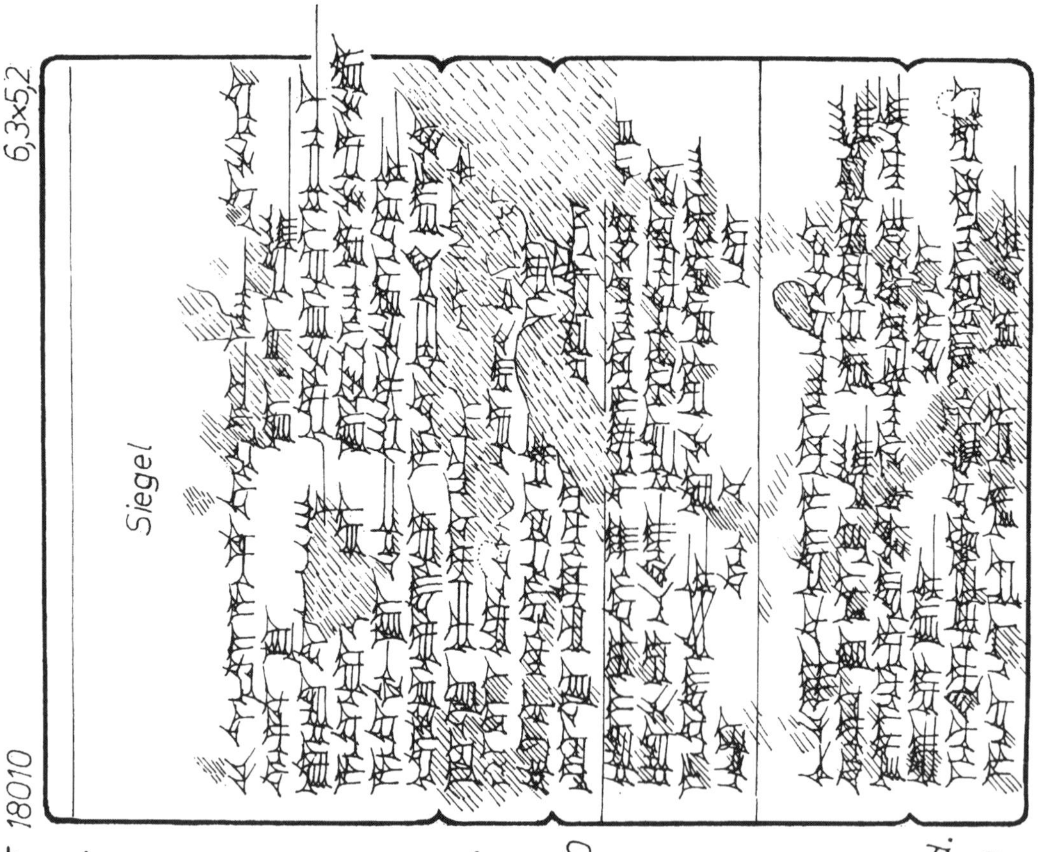

VAT 18010
6,3×5,2
Vs.
Siegel
5
Rd.
Rs.10
15
Rd.
20

l. Rd.

11

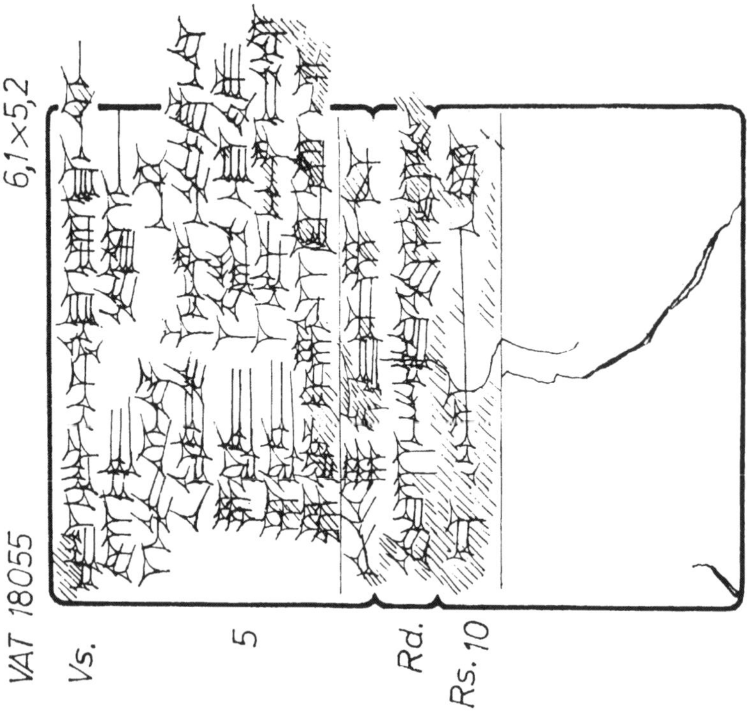

VAT 18055
6,1×5,2
Vs.
5
Rd.
Rs. 10

12

VAT 18012 5,3×5,0

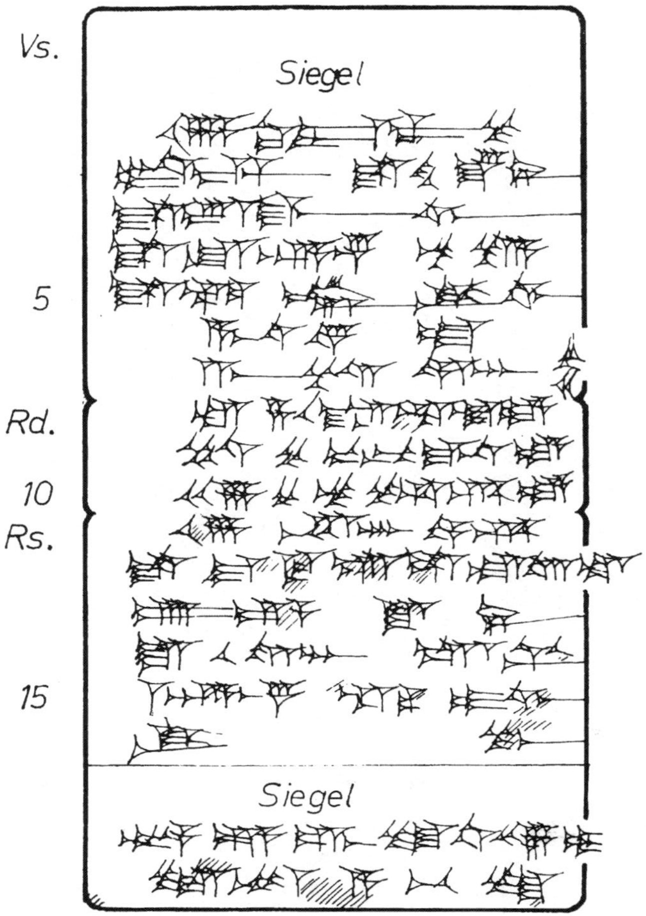

Siegel auf allen Rändern

13

VAT 16374 5,6×6,5

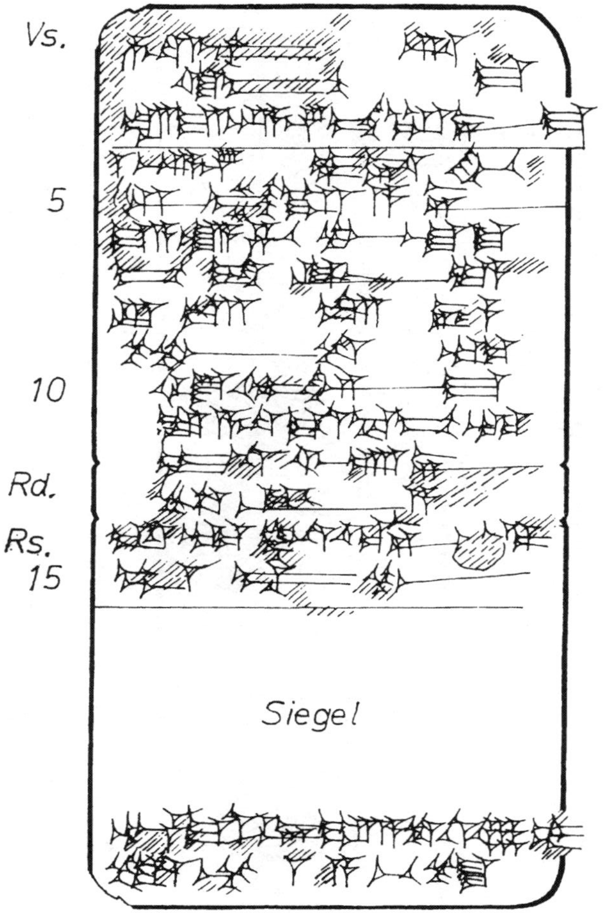

14

VAT 16381 — 8,0×12,0

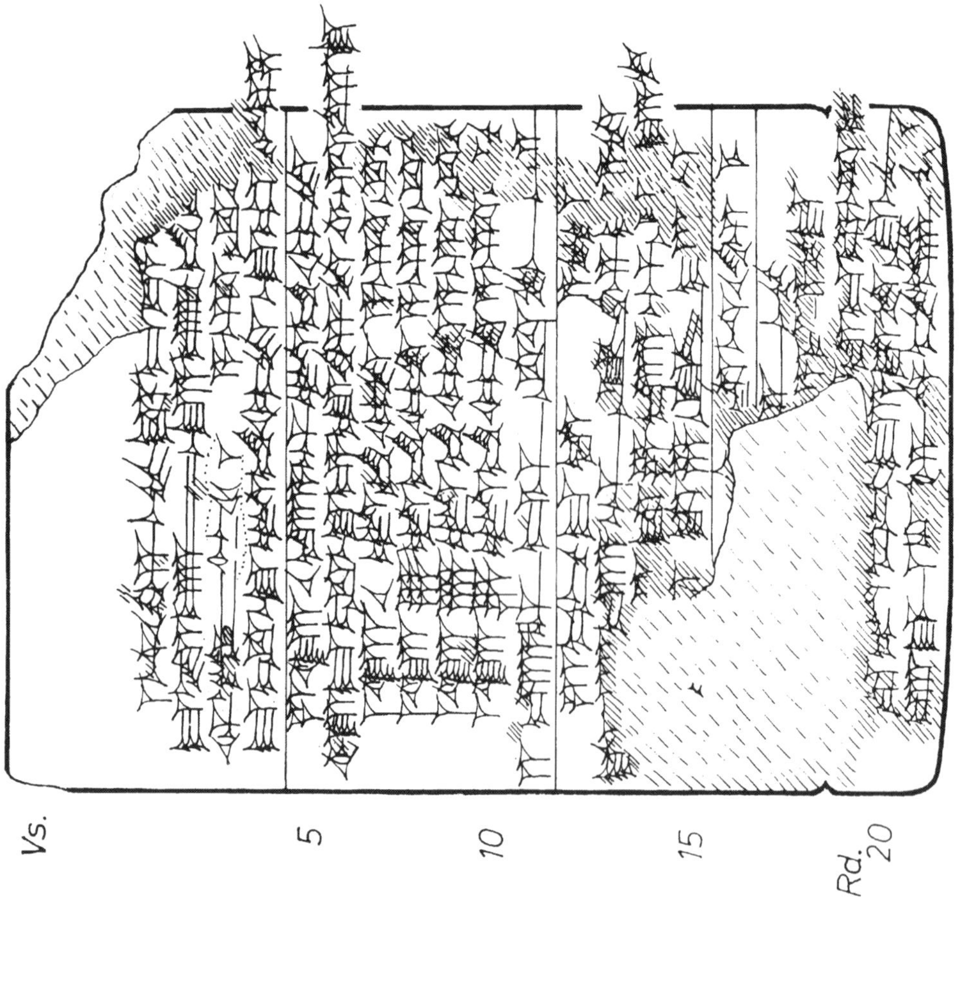

15

VAT 16367 — Innentafel — 5,6×6,4

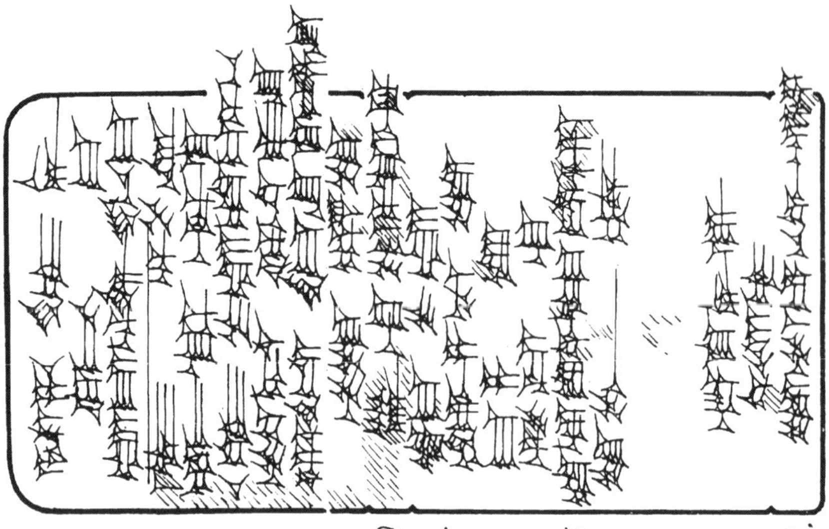

14 *(Forts.)*

Rs.

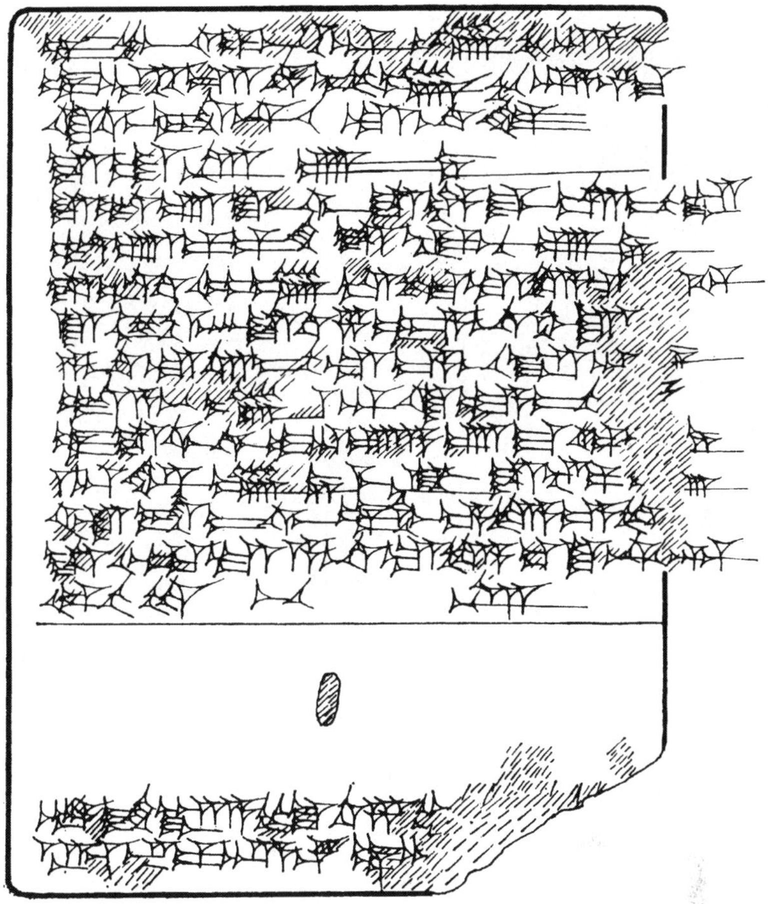

15 *(Forts.)*

Hülle *6,6×8,0*

Vs.

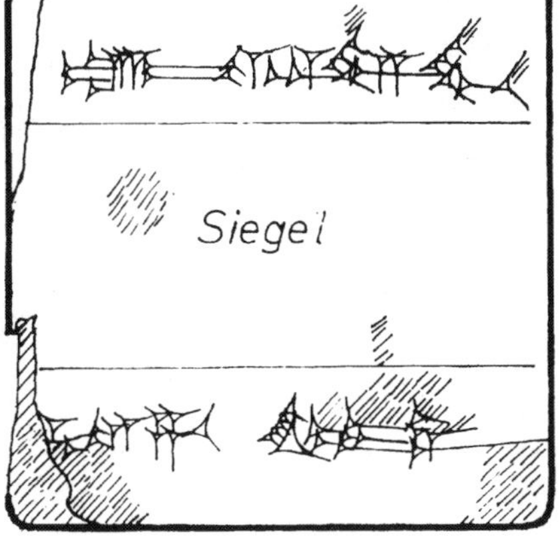

Siegel auf der Rs. und den Rändern

16

VAT 16404 *2,6×3,1*

18

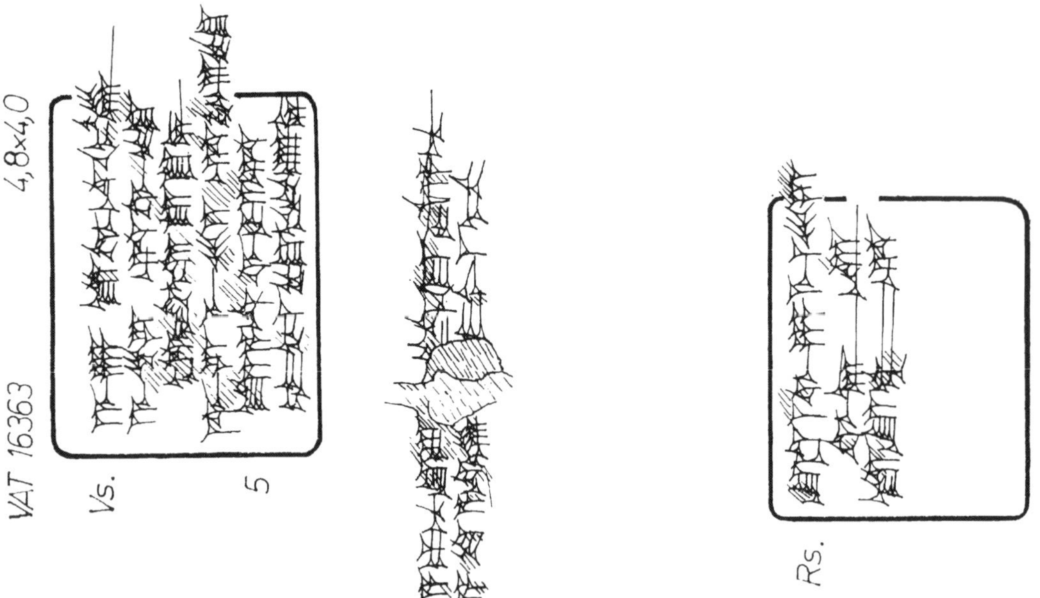
VAT 16363
4,8×4,0
Vs.
Rs.

17

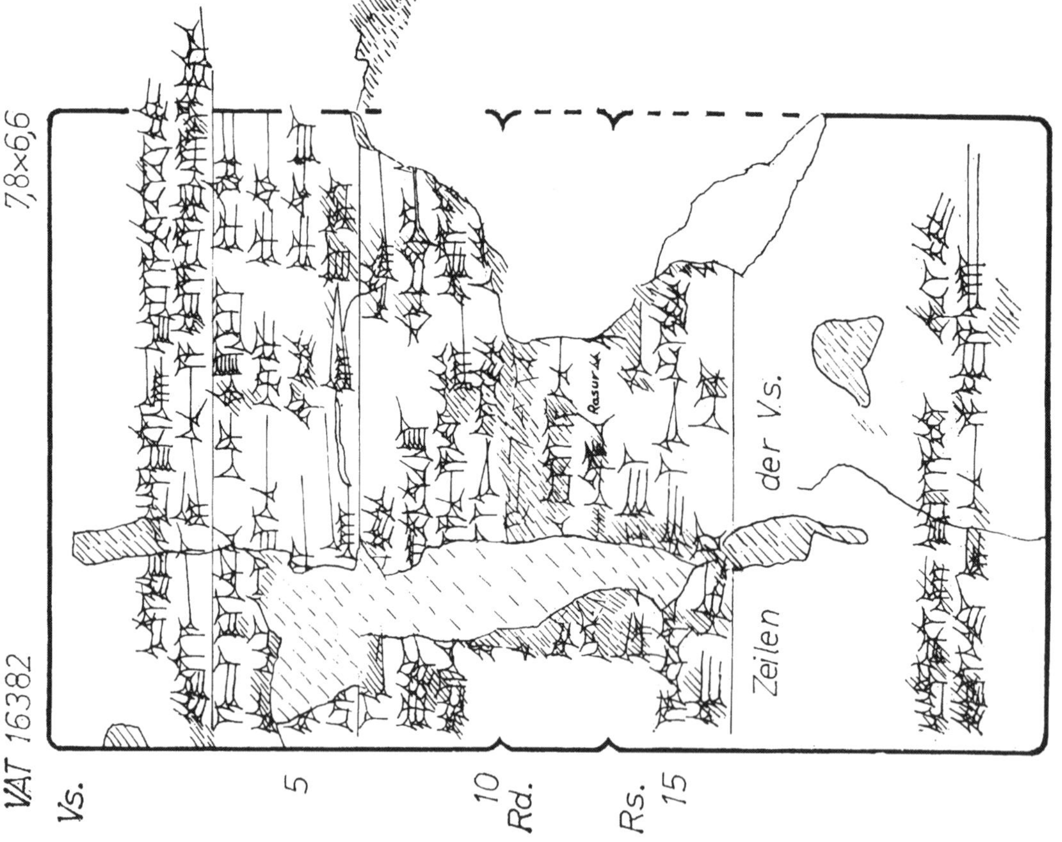
VAT 16382
7,8×6,6
Vs.
Rd.
Rs.
Rasur
Zeilen der Vs.

19

VAT 18049 6,7×6,4

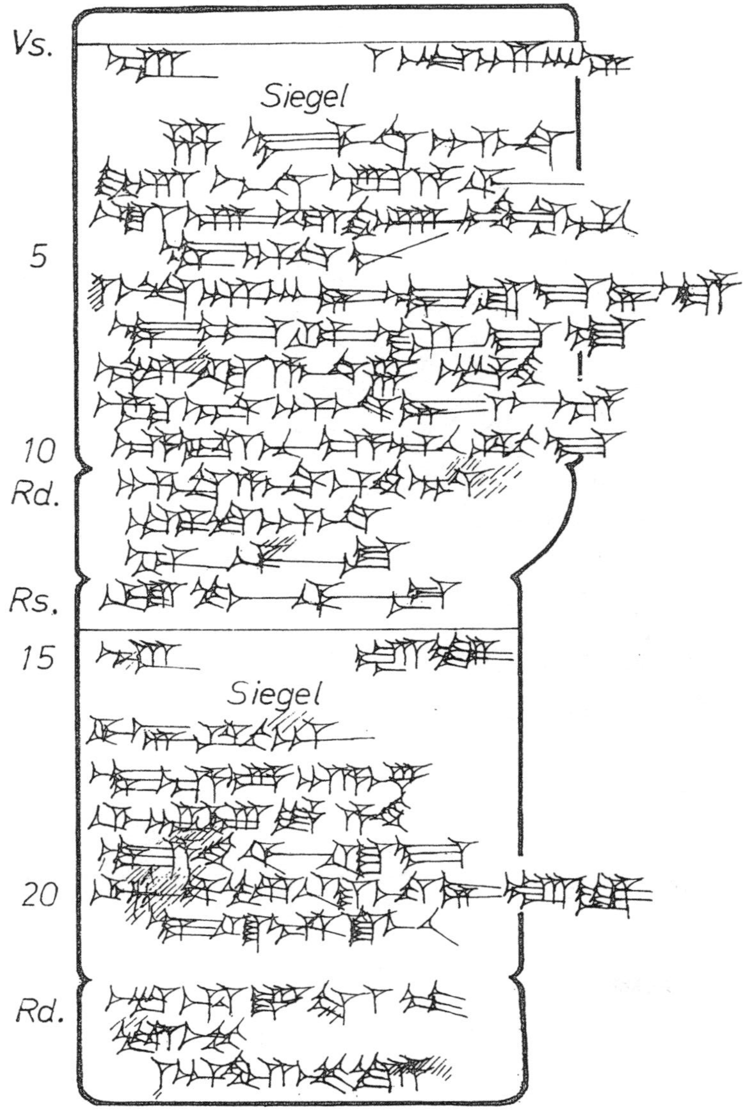

20

VAT 18019 4,1×4,8

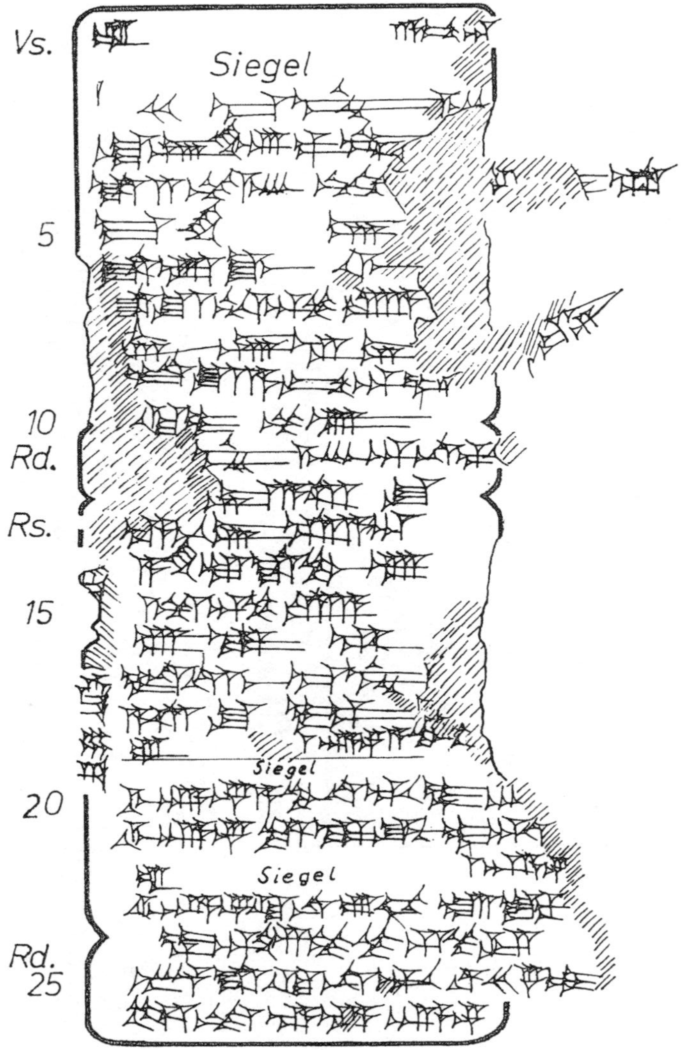

Siegel auf dem l. Seitenrd.

21

VAT 18008 6,2×8,6

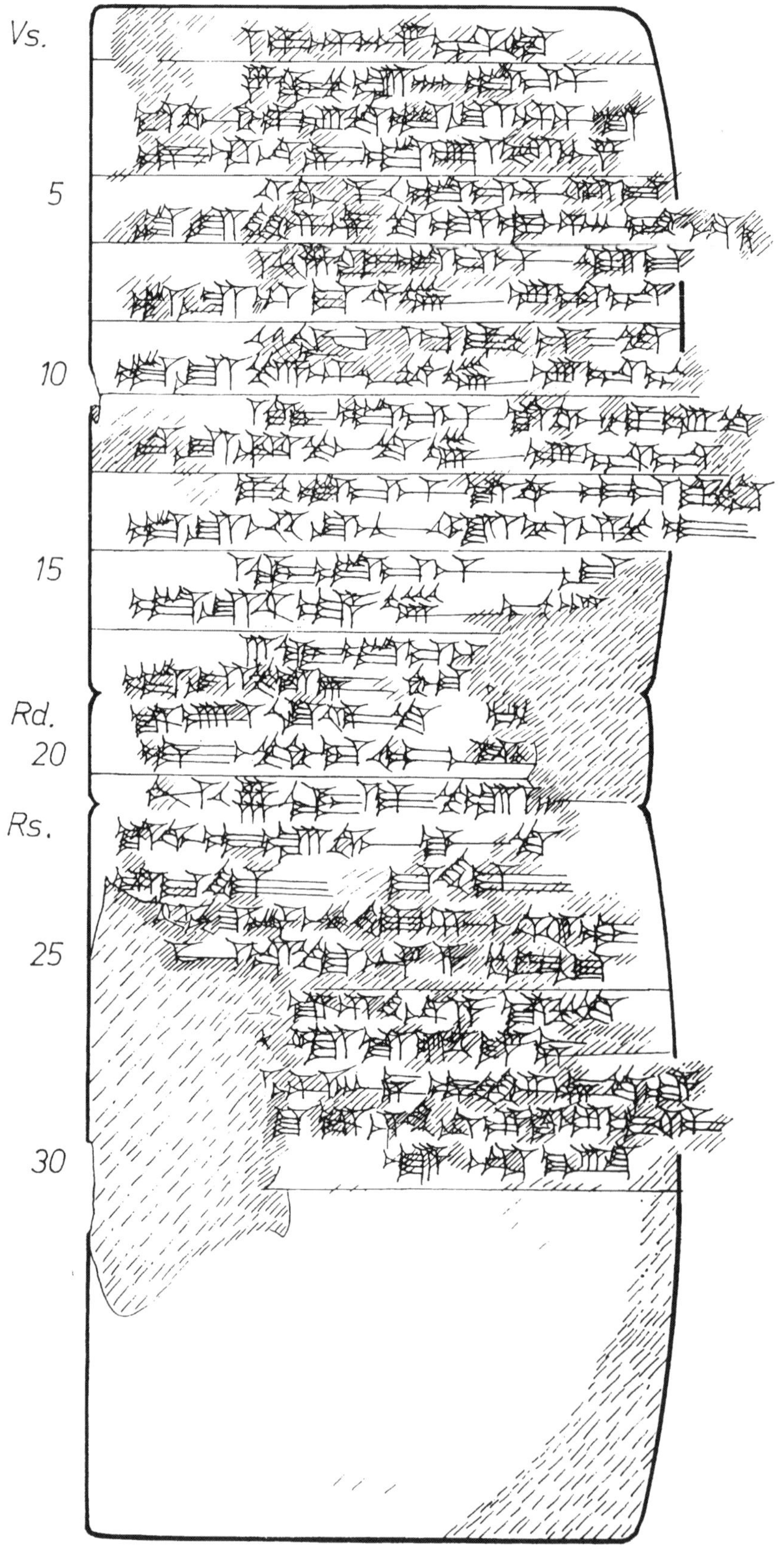

22

VAT 8596 4,8×5,5

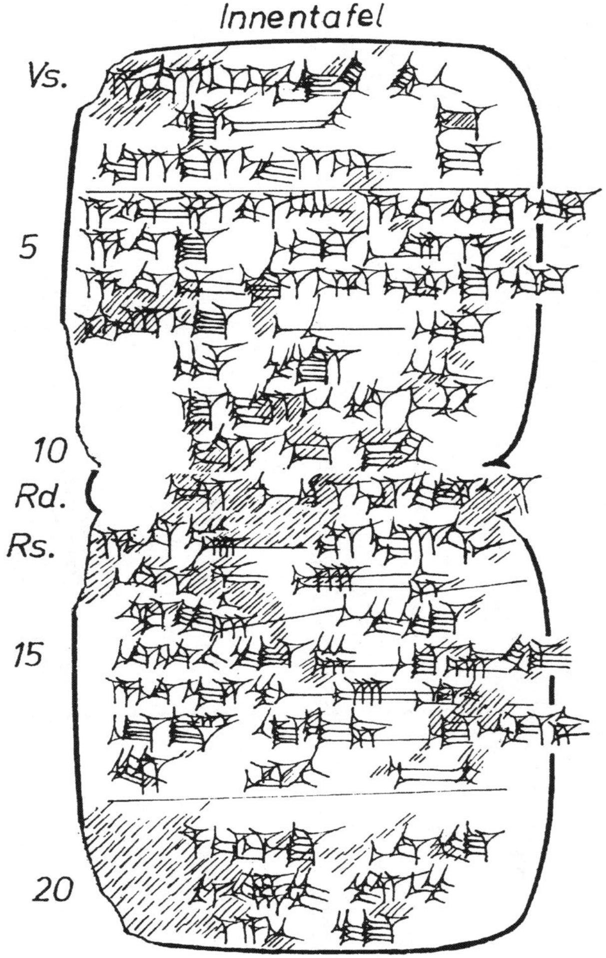

23

VAT 18013 6,8×5,8

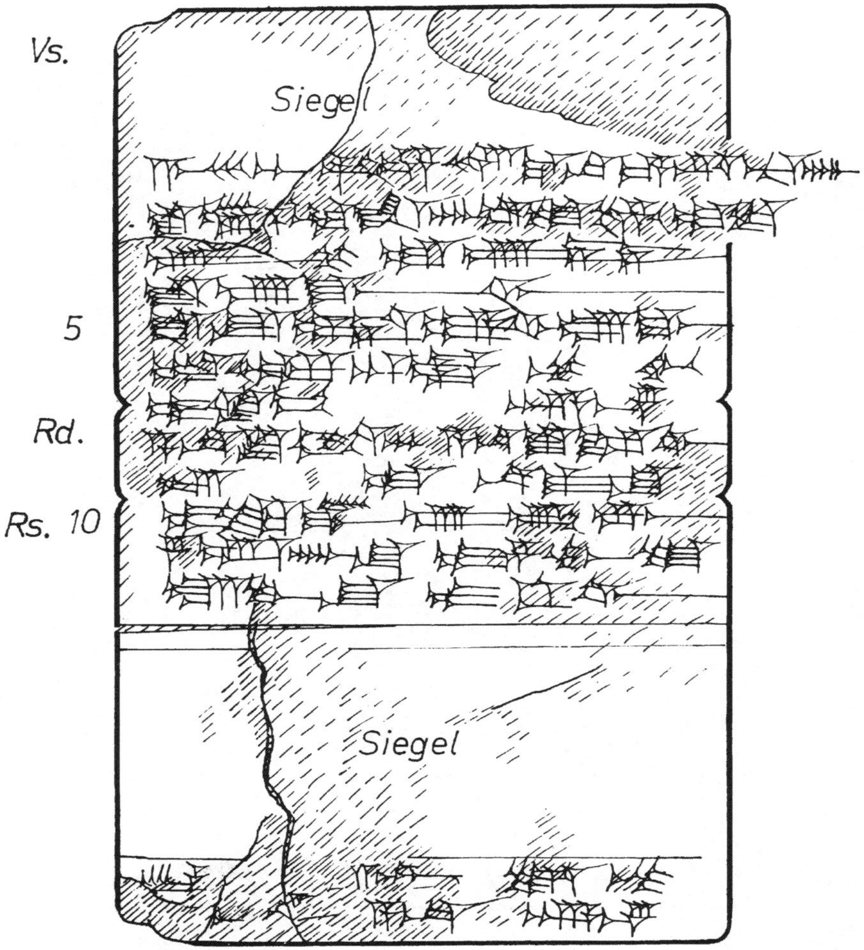

Siegel auf dem oberen Rd. u. dem l. Seitenrd.

24

VAT 18024 9,1×7,6

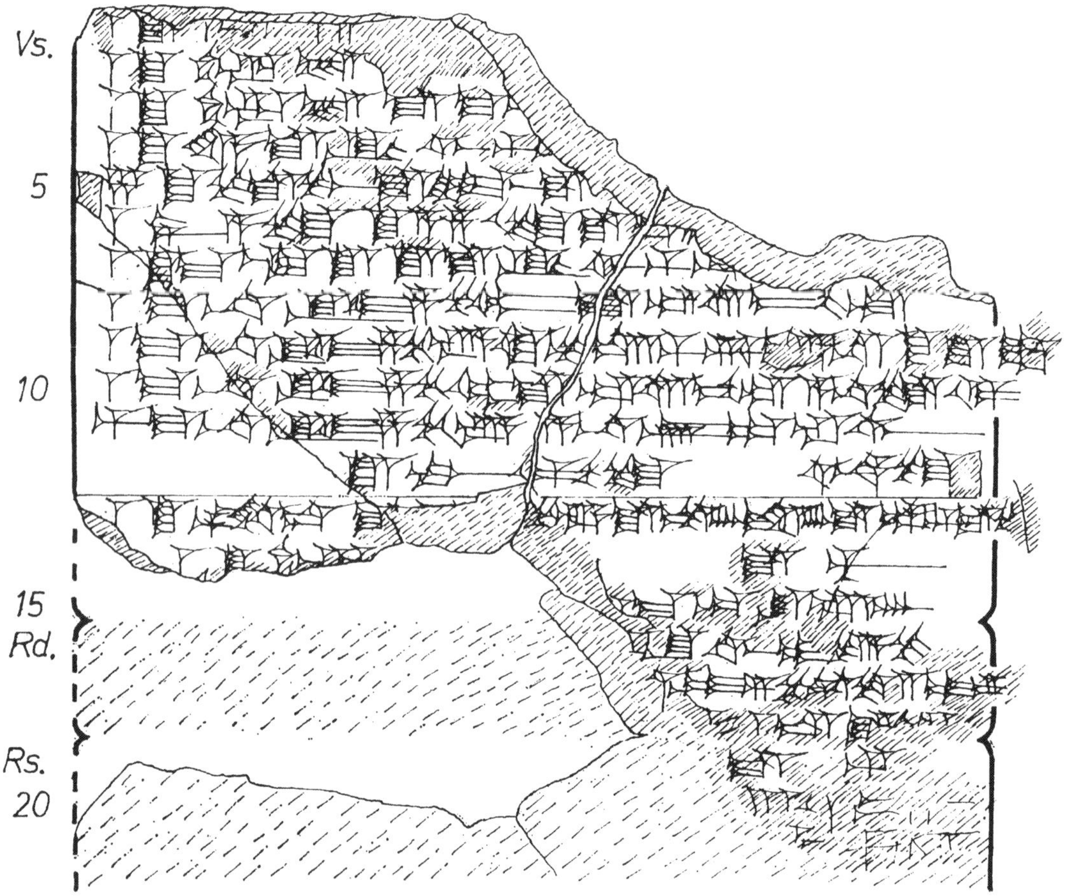

Rest der Rs. zerstört

l. Rd.

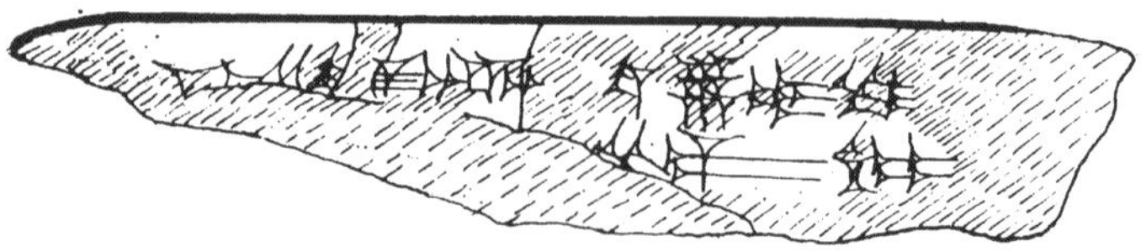

22 (Forts.)

Hülle 5,6×6,4

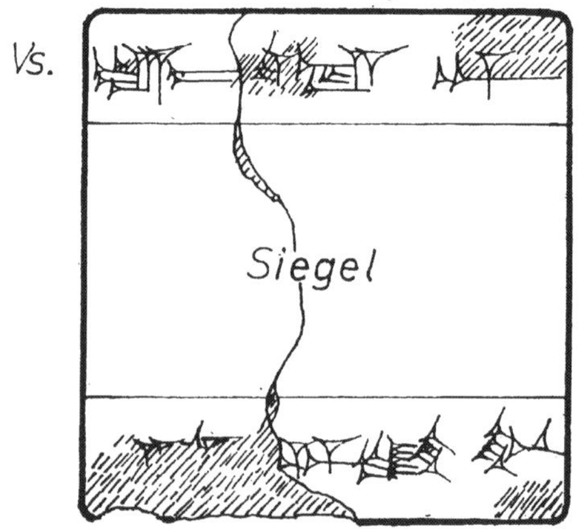

Siegel auf der Rs. und den Seitenrändern

25

VAT 16389 6,9×6,8

Innentafel

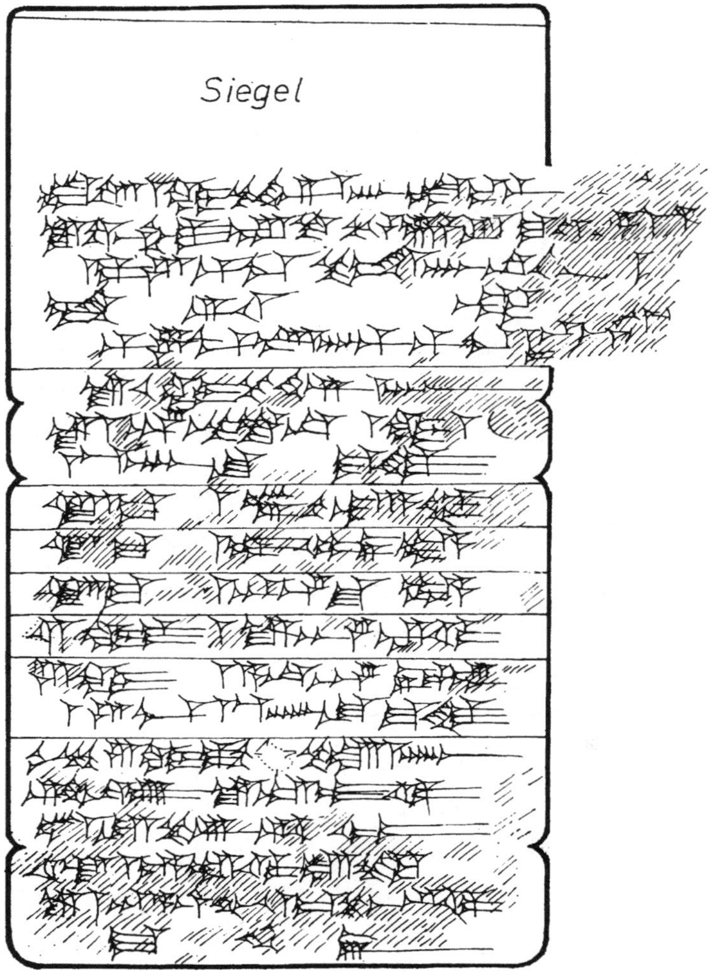

l. Seitenrd.

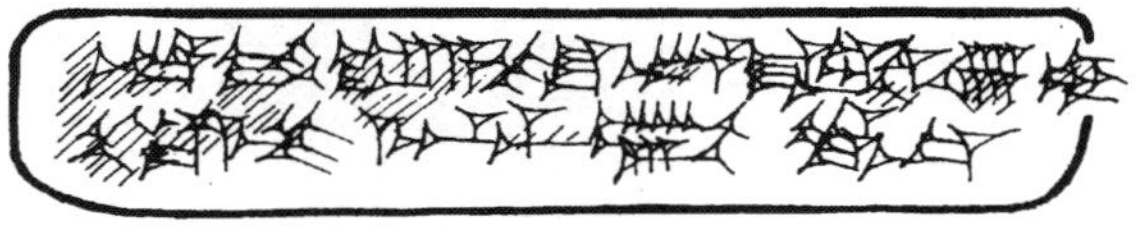

Hülle

Vs. nicht erhalten 8,3×7,6

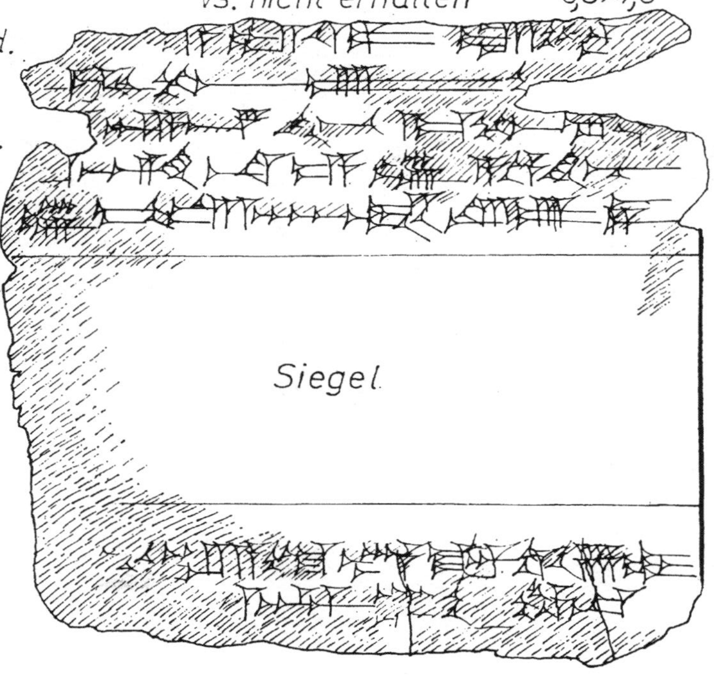

26

VAT 18009 5,6×7,1

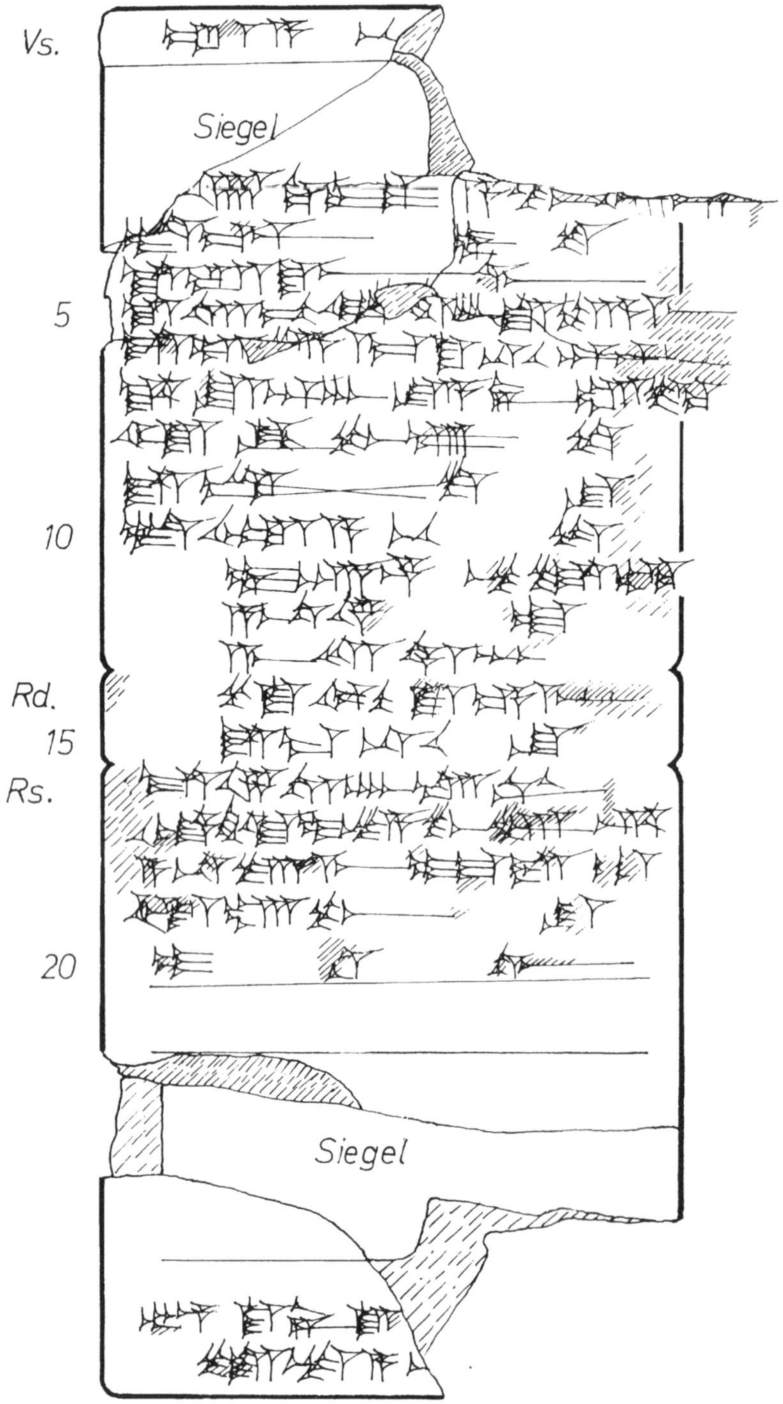

Siegelabrollungen auf allen Rändern

27

VAT 18002 10,2×8,4

Vs.

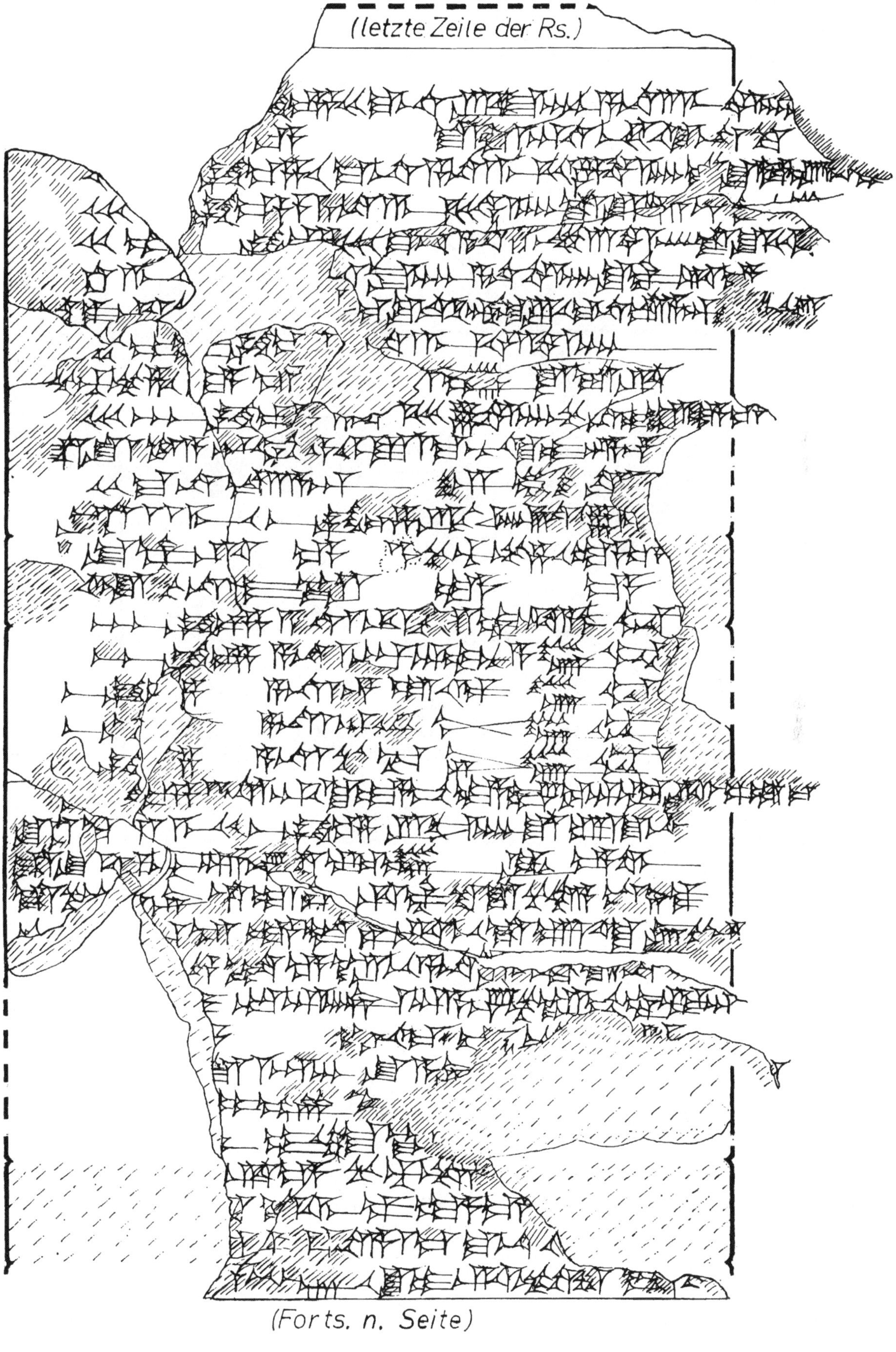

Rd.

Rs.

Rd.

(Forts. n. Seite)

27 (Forts.)

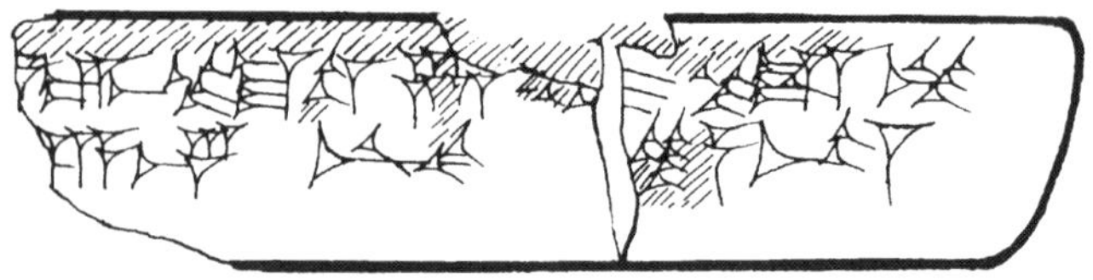

28

VAT 15536 8,7×6,9

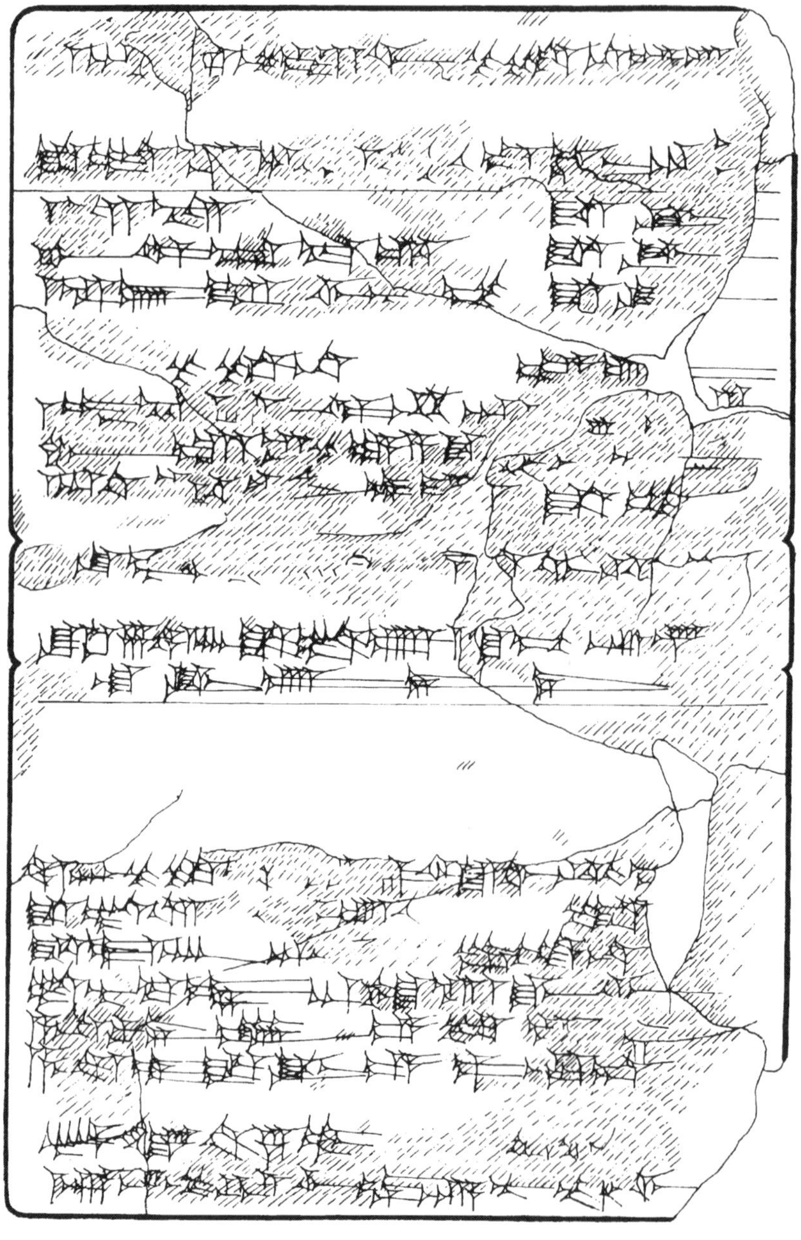

29

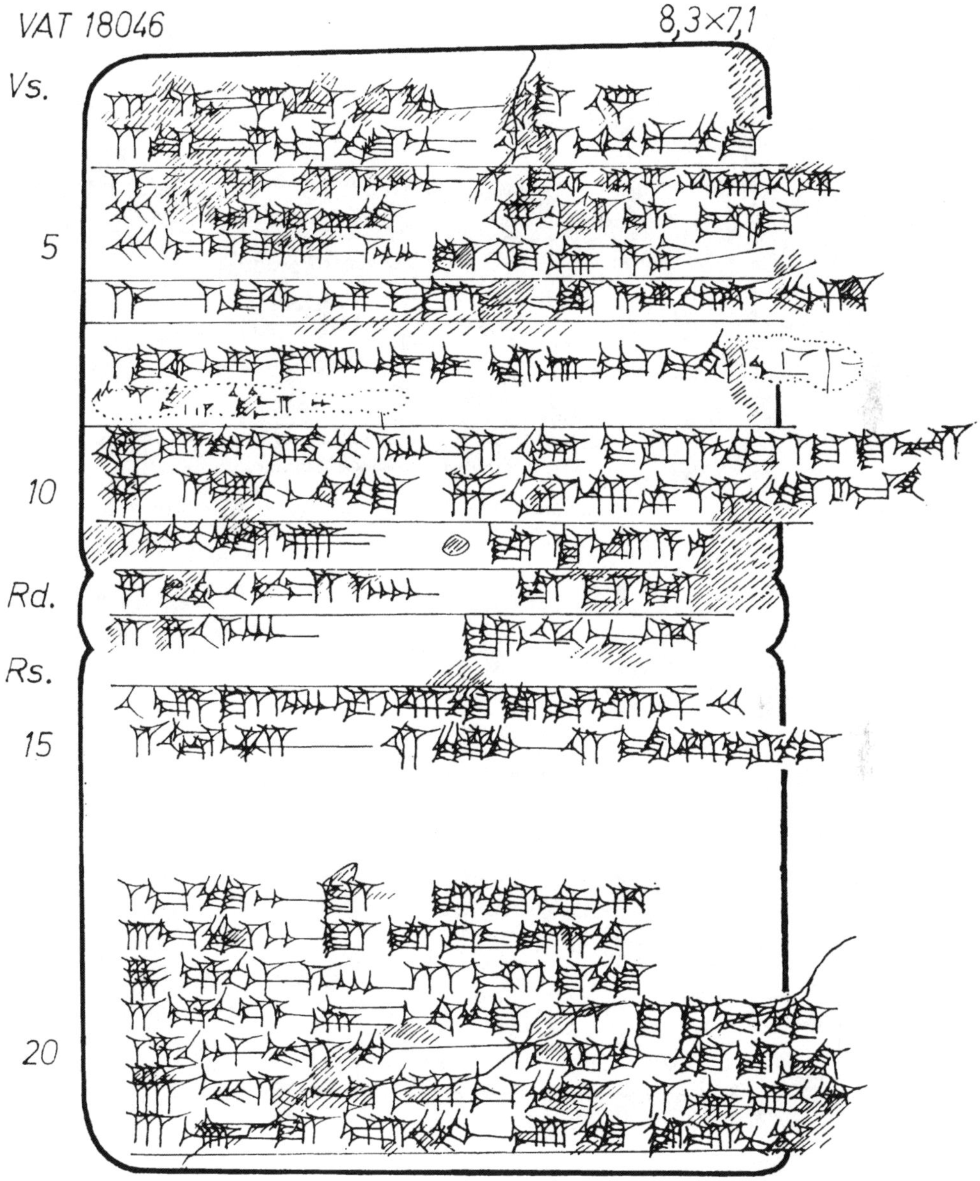

30

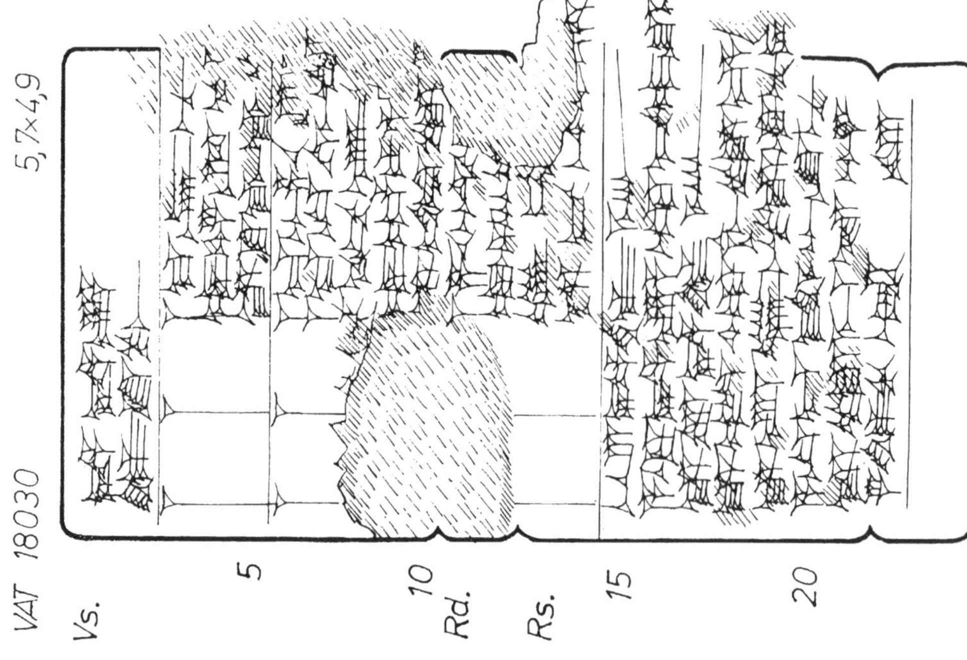
VAT 18030
5,7×4,9
Vs.
5
10
Rd.
Rs.
15
20

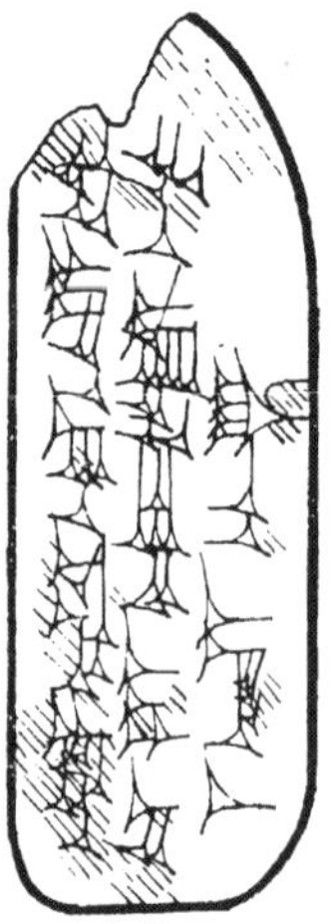
linker
Seitenrd.
25

31

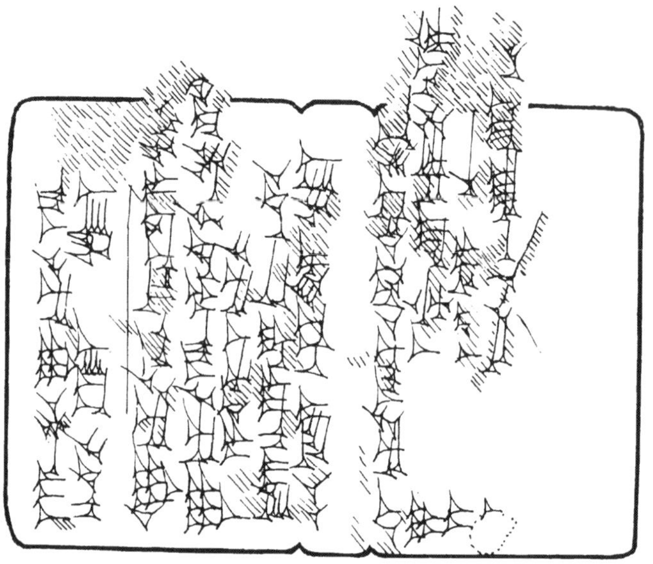
VAT 16372
6,1×4,4
Vs.
5
Rd.
Rs.
10

32

VAT 8628 4,5×6,1

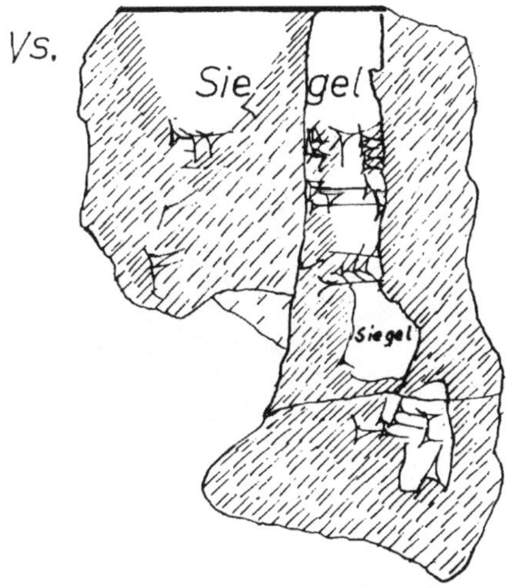

33

VAT 18040 4,0×5,6

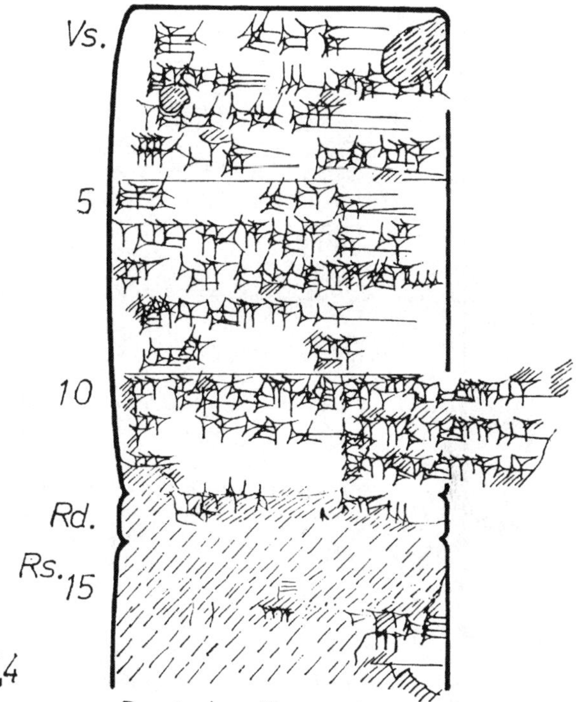

Rest der Rs. unbeschrieben
und teilweise zerstört

34

VAT 18023 6,6×5,4

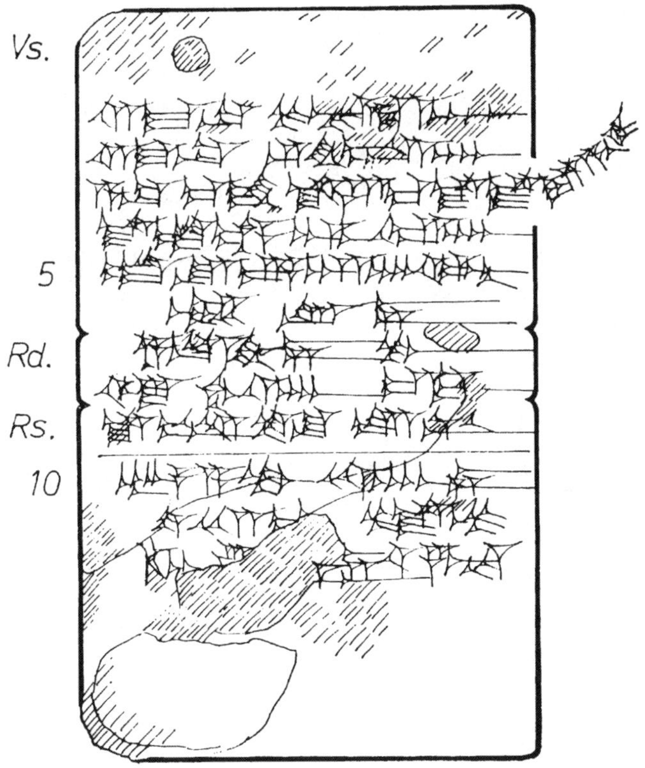

32

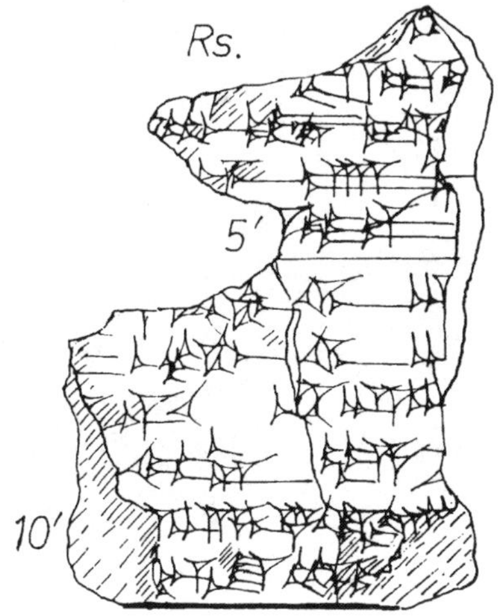

35

VAT 18031 5,4×7,2

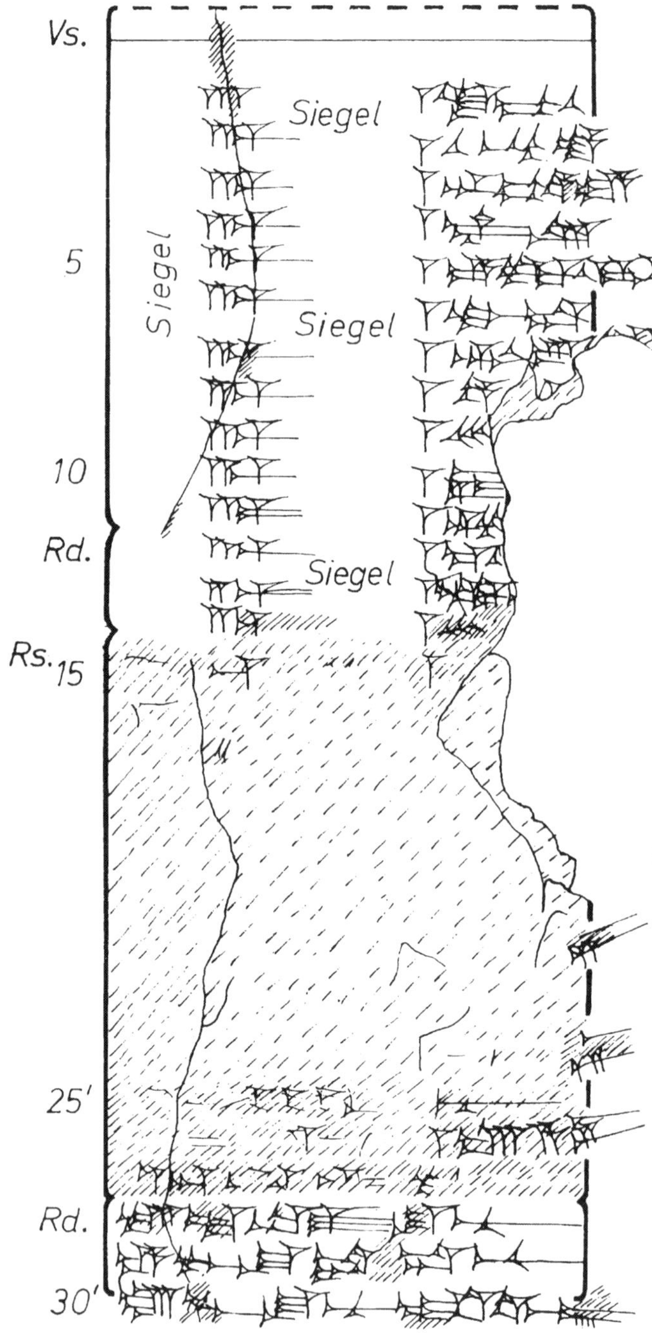

36

VAT 8898 3,9×3,6

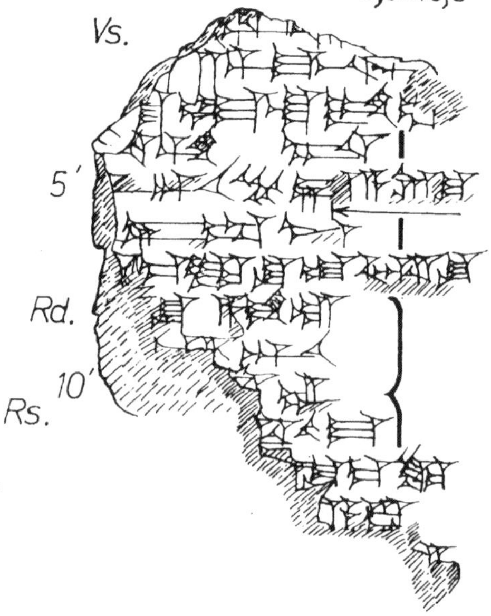

37

VAT 18041 — 5,0×5,9

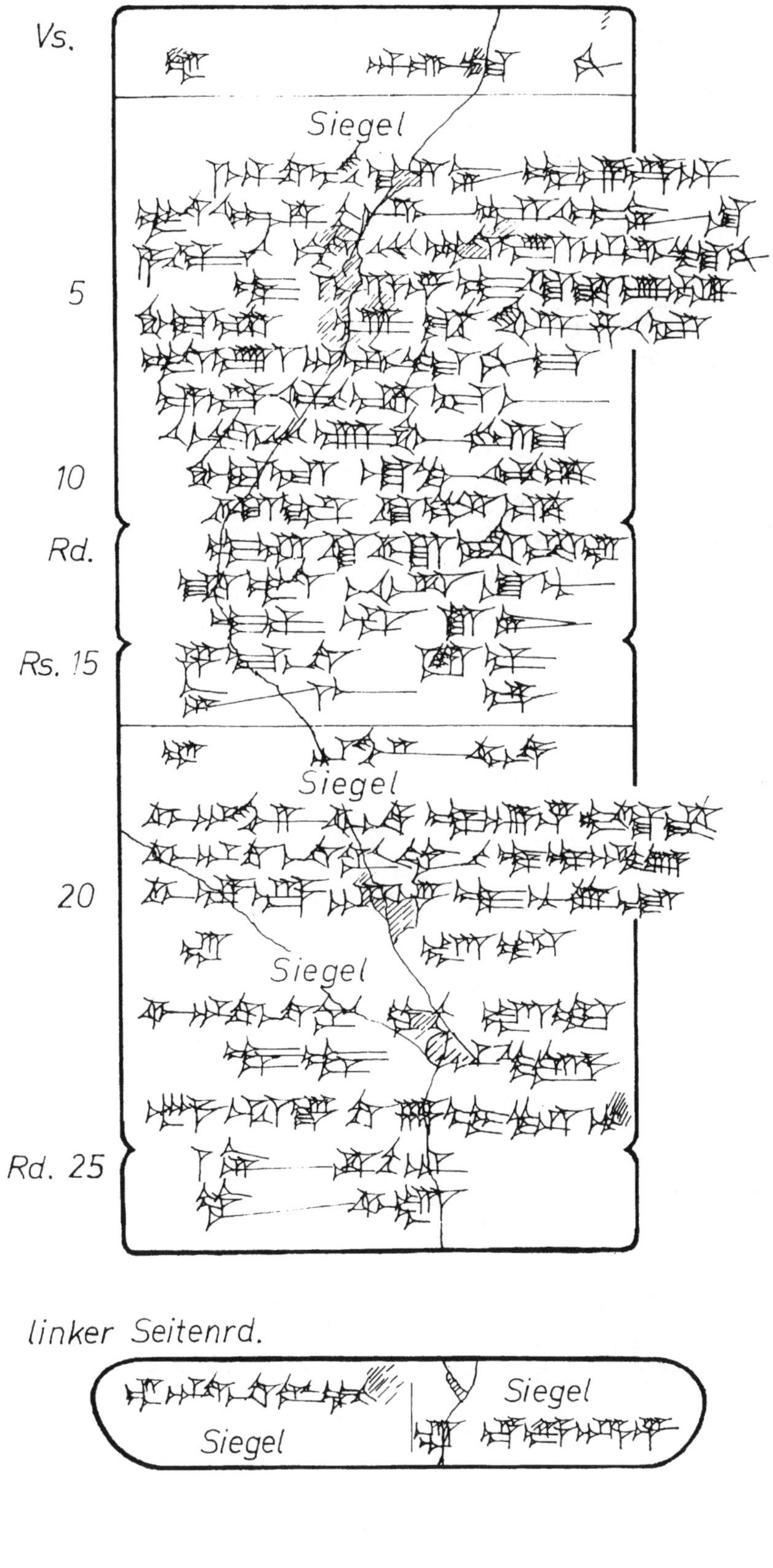

38

VAT 18042 4,8×5,7

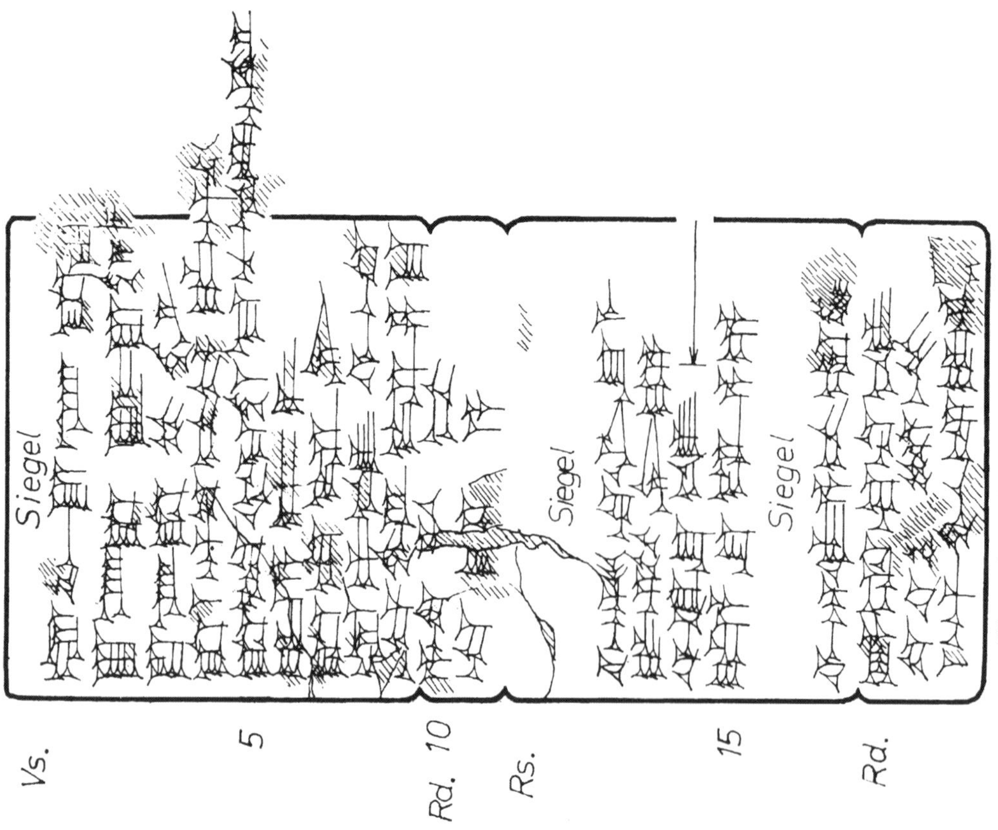

Siegel auf dem l. Rd.

39

VAT 18003 6,1×5,6

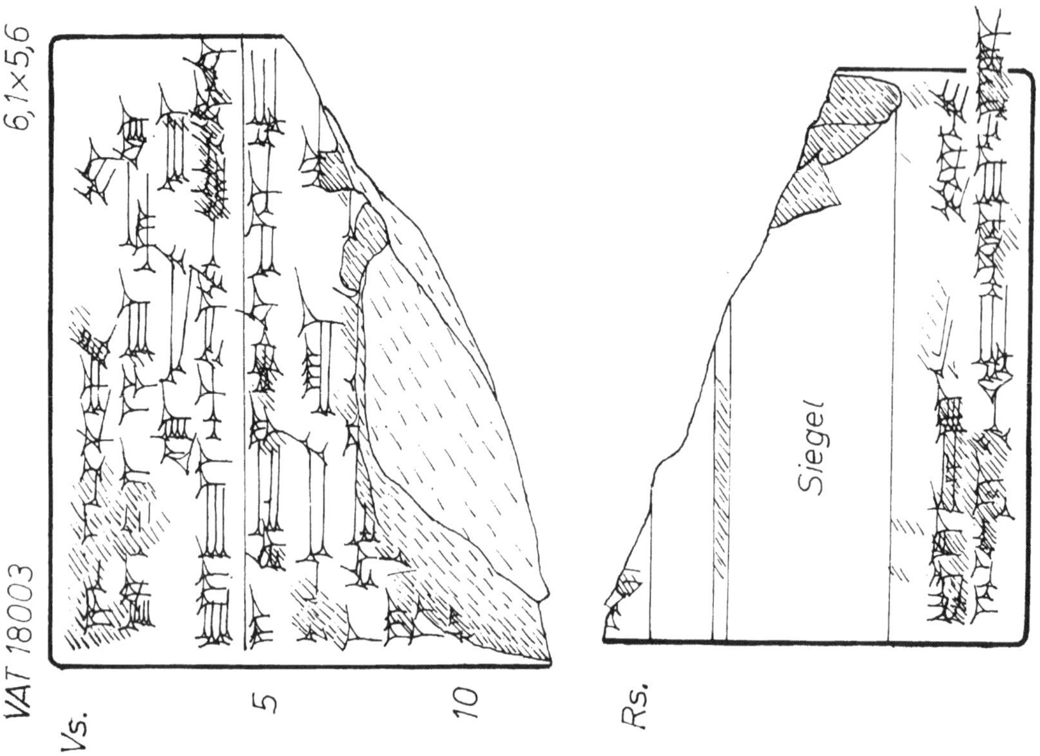

Siegel auf der Vs. und den Rändern

40

VAT 18017 6,9 × 6,5

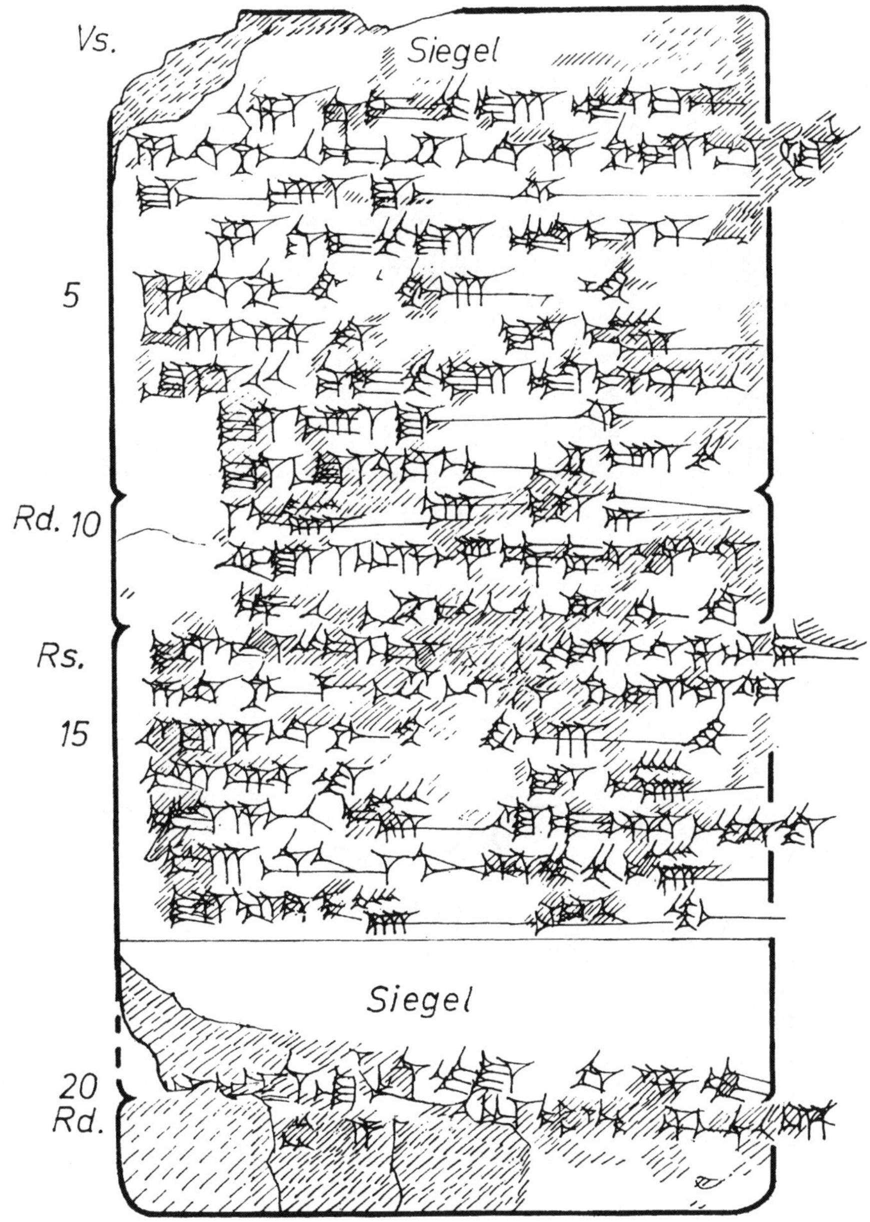

Siegel auf der Vs., Rs. und allen Rändern

42

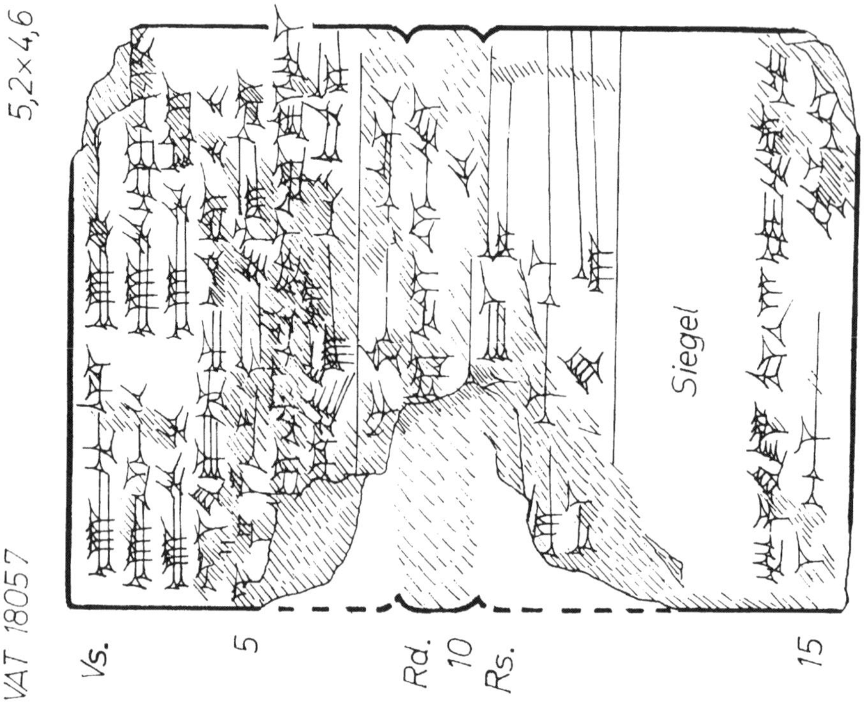
VAT 18057
5,2×4,6
Vs.
5
Rd.
10
Rs.
15
Siegel

41

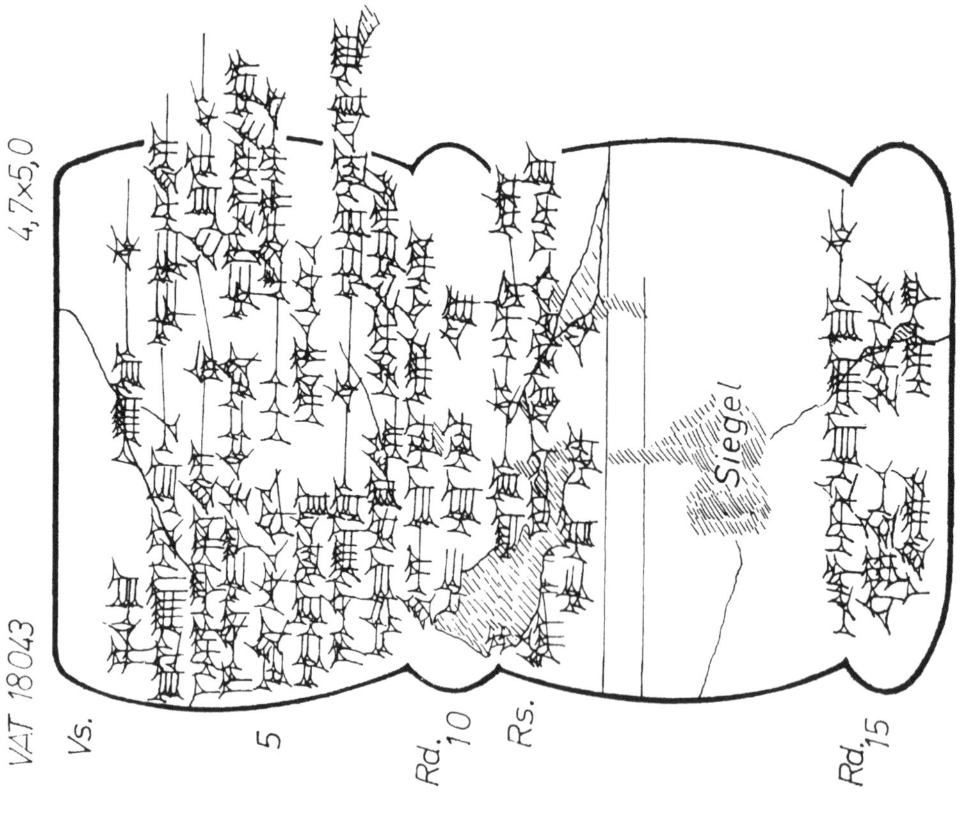
VAT 18043
4,7×5,0
Vs.
5
Rd.
10
Rs.
Rd.
15
Siegel

43

VAT 18032 5,0×7,3

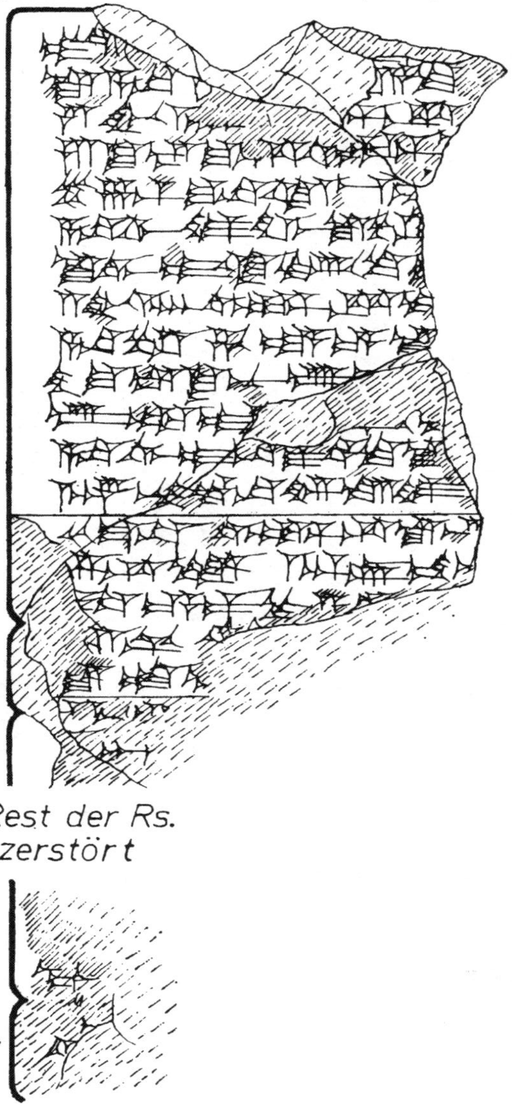

l. Rd.

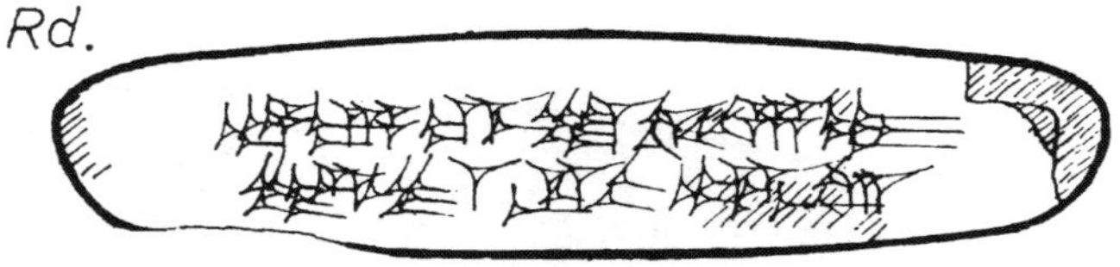

44

VAT 18016 5,1×4,0

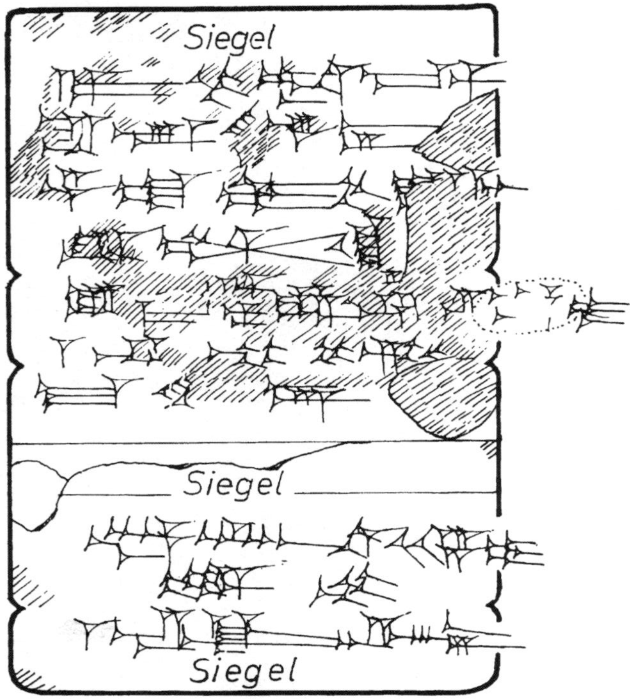

Siegel auf den Seitenrändern

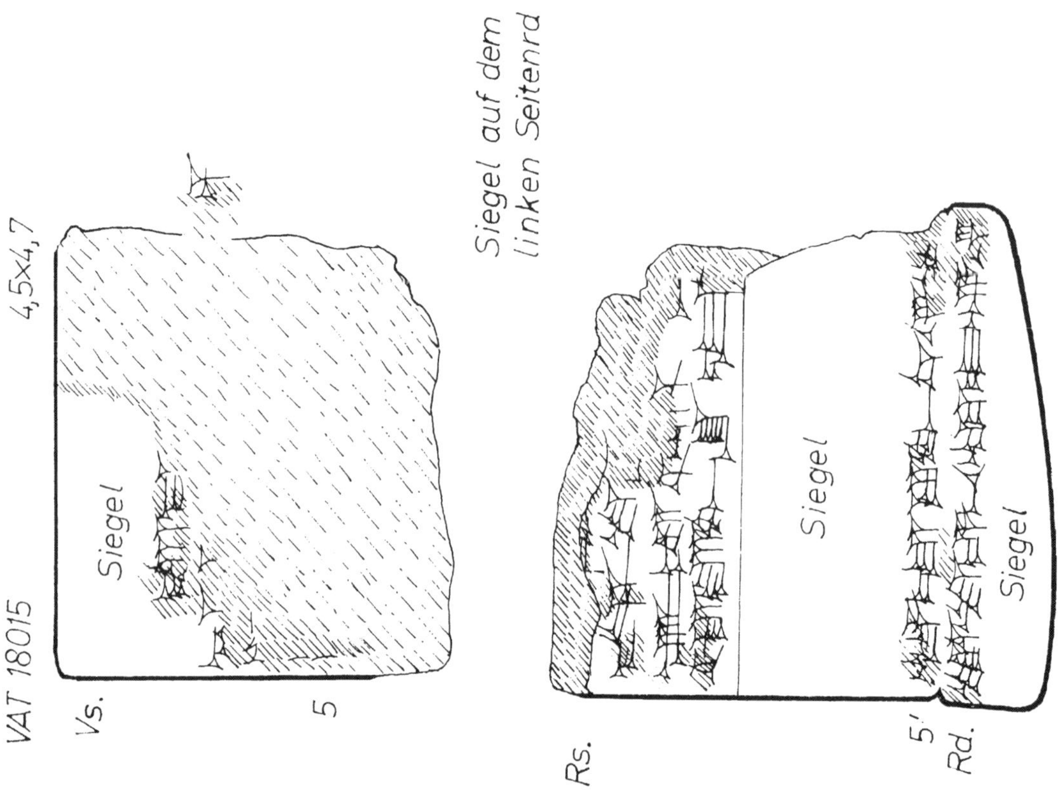
46
VAT 18015
4,5×4,7
Vs.
5
Siegel
Siegel auf dem linken Seitenrd
Rs.
Siegel
Siegel
5'
Rd.

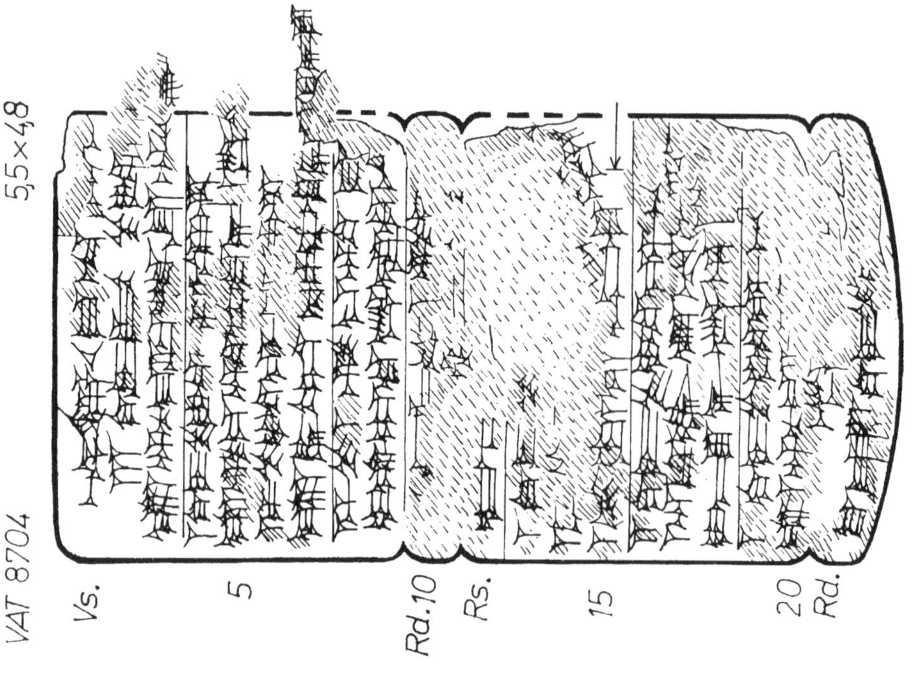
45
VAT 8704
5,5×4,8
Vs.
5
Rd.10
Rs.
15
20
Rd.

47

VAT 9027 8,7×11,7

Vs.

Rd.

Rs.

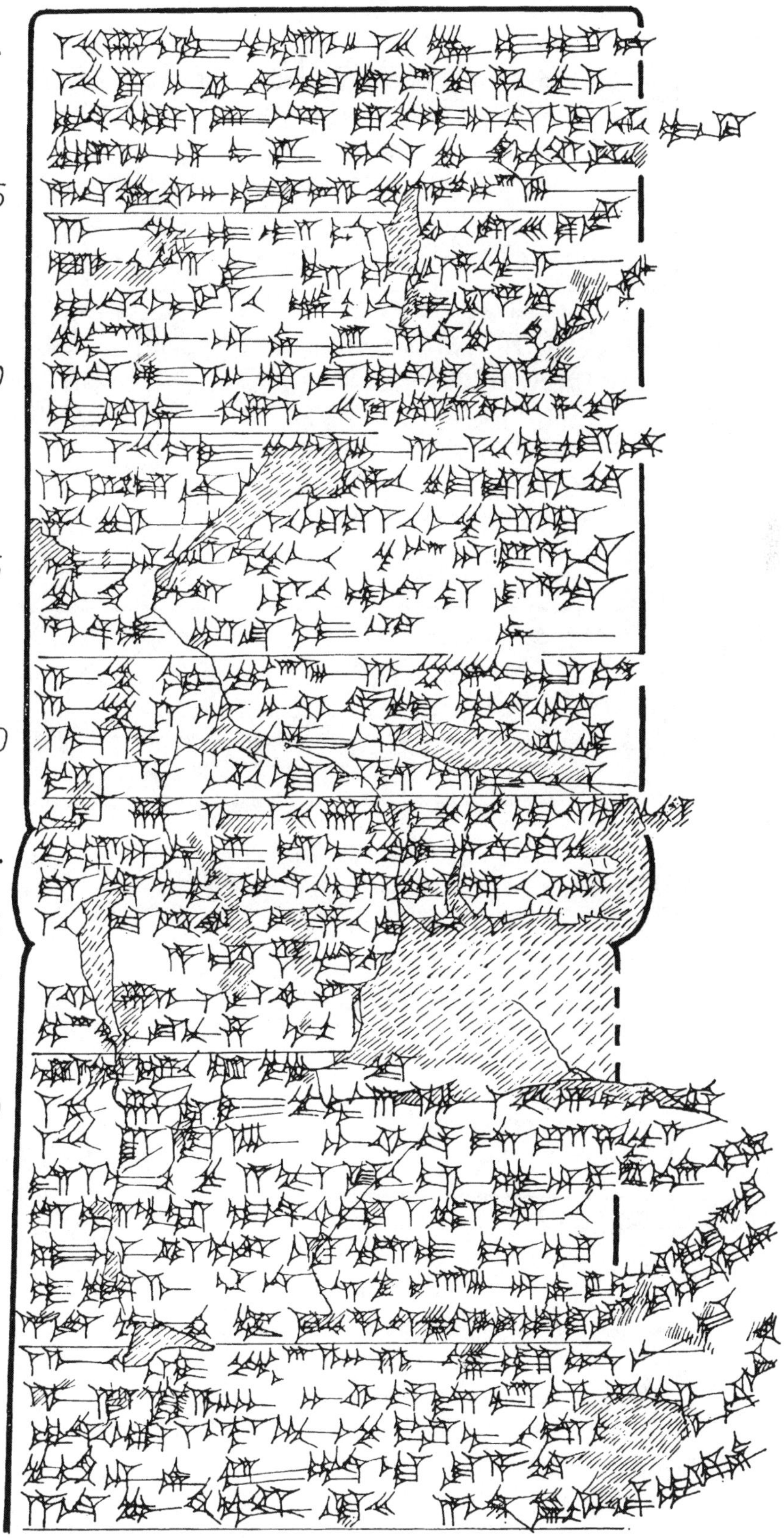

Forts. n. Seite

47 (Forts.)

Rd.

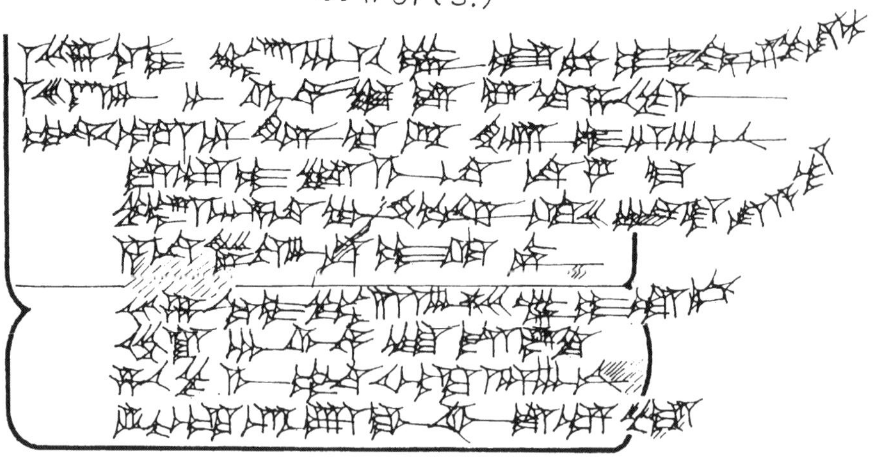

l.Rd.

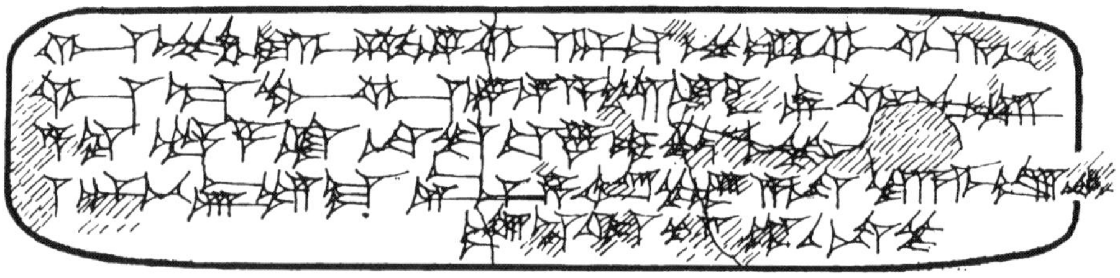

48

VAT 8850

4,6×4,4

Vs.

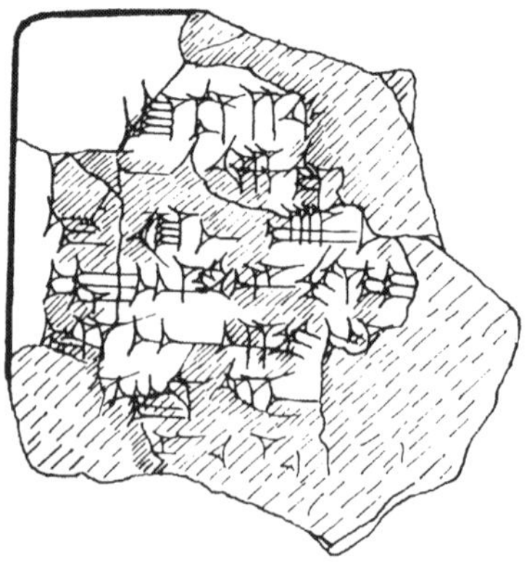

Rs.

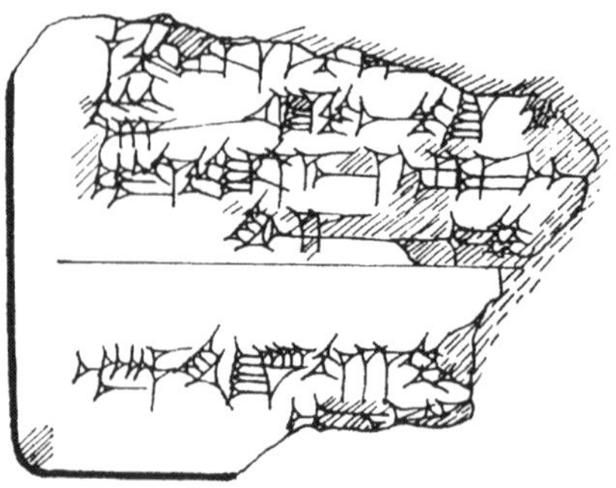

49

VAT 16398 7,1×6,1

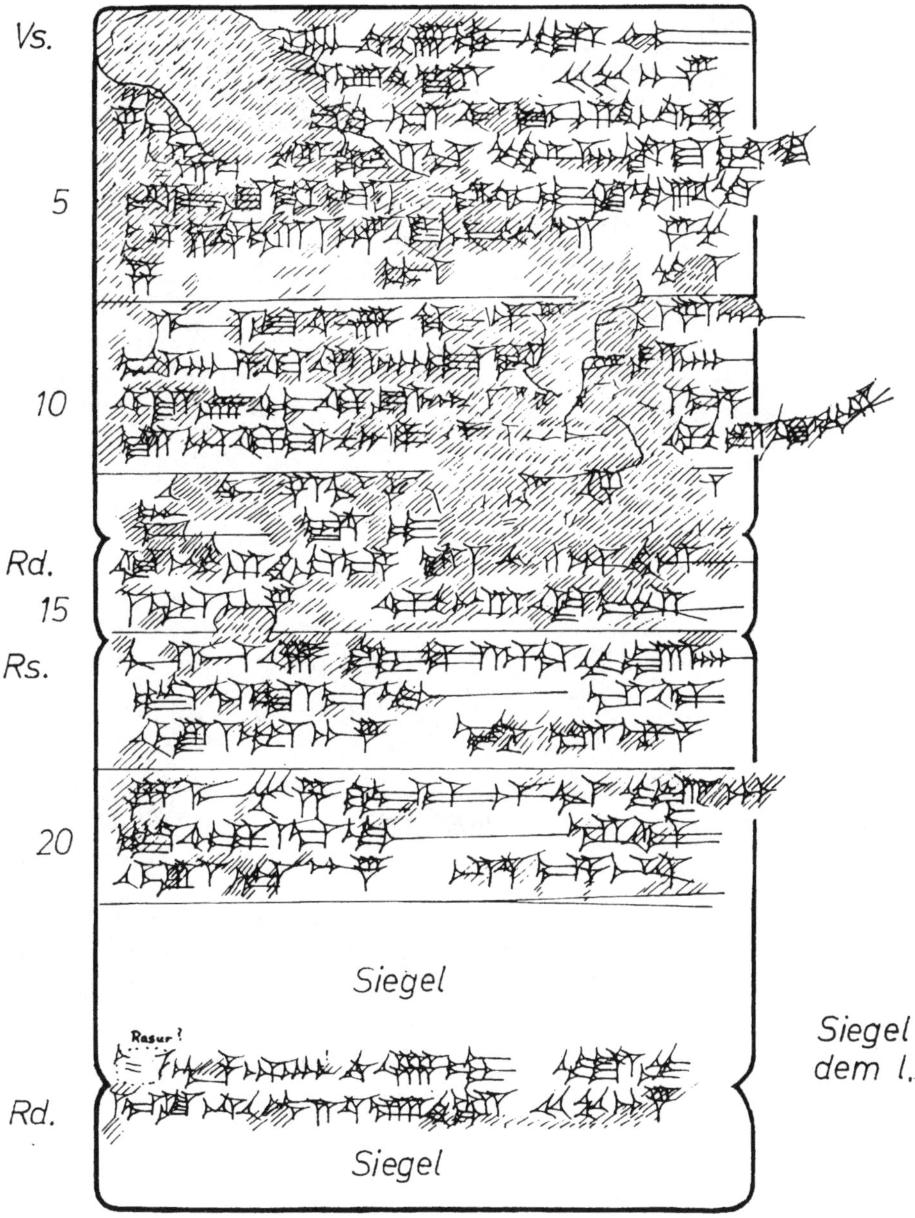

Siegel auf dem l. Rd.

50

VAT 18020 4,1×3,2

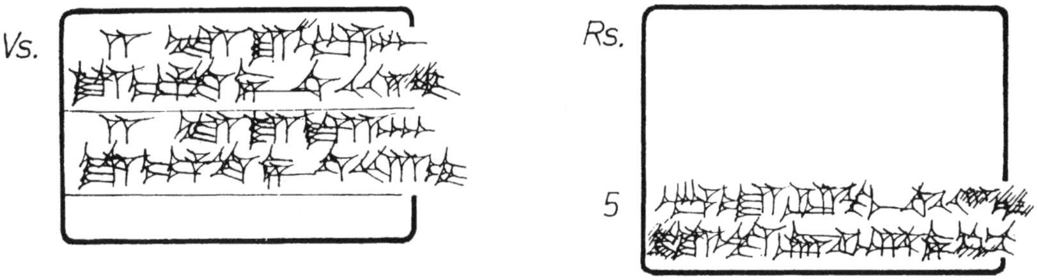

51

VAT 18034 9,1×5,7

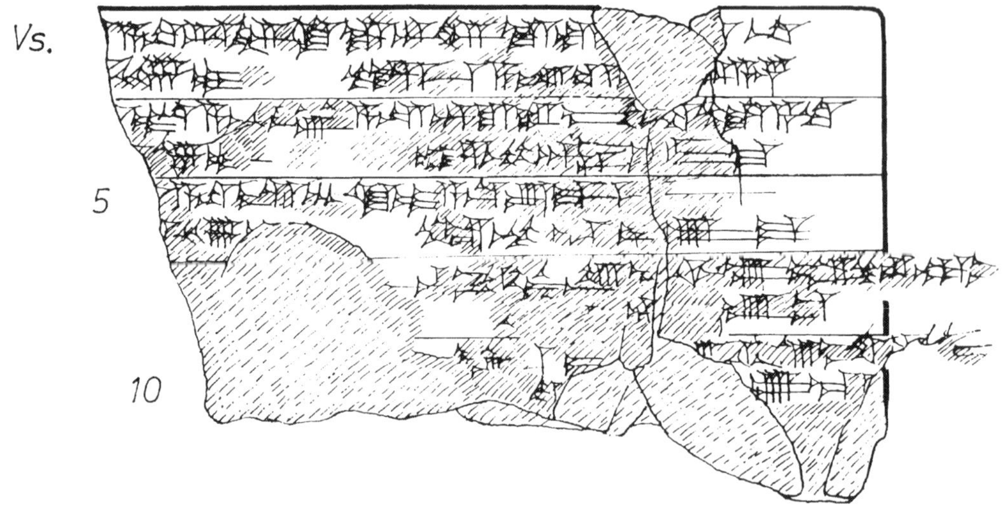

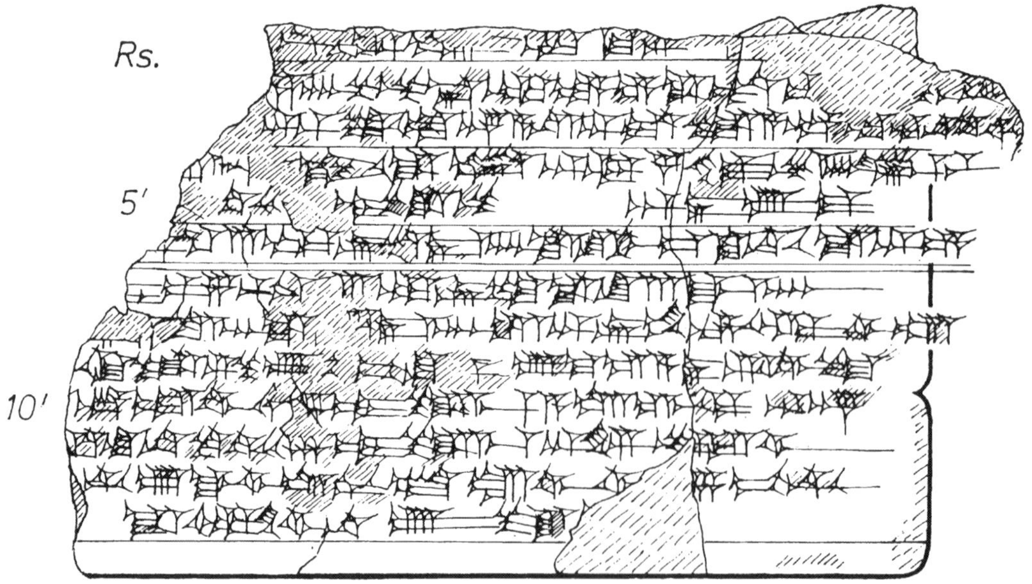

52

VAT 16403 4,5×4,3

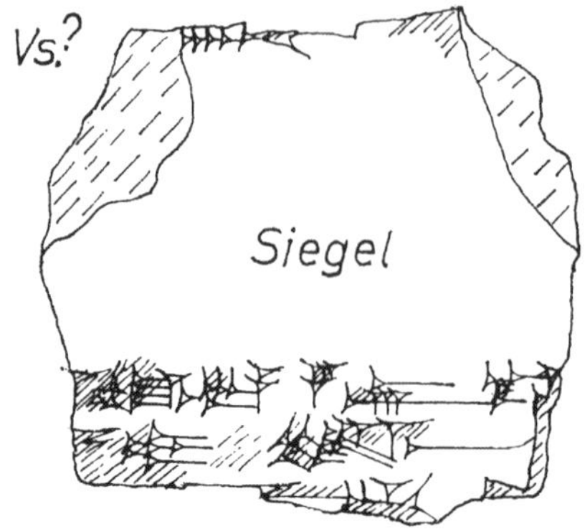

53

VAT 18035 4,7×7,0

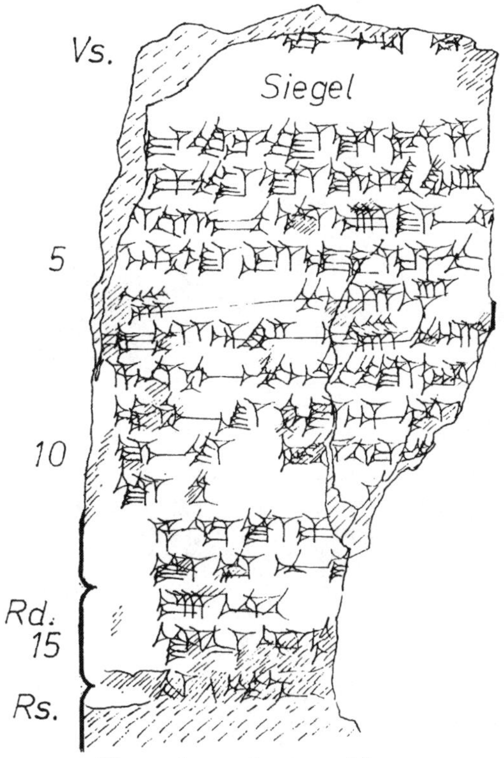

Siegel auf der Vs.

54

VAT 18026 4,6×3,9

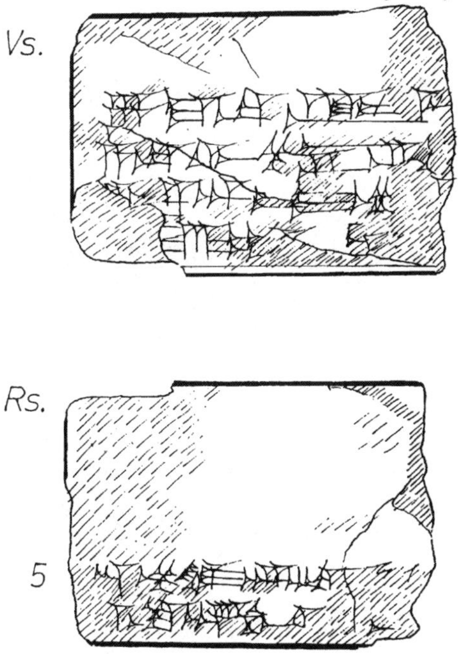

55

VAT 18022 7,7×5,7

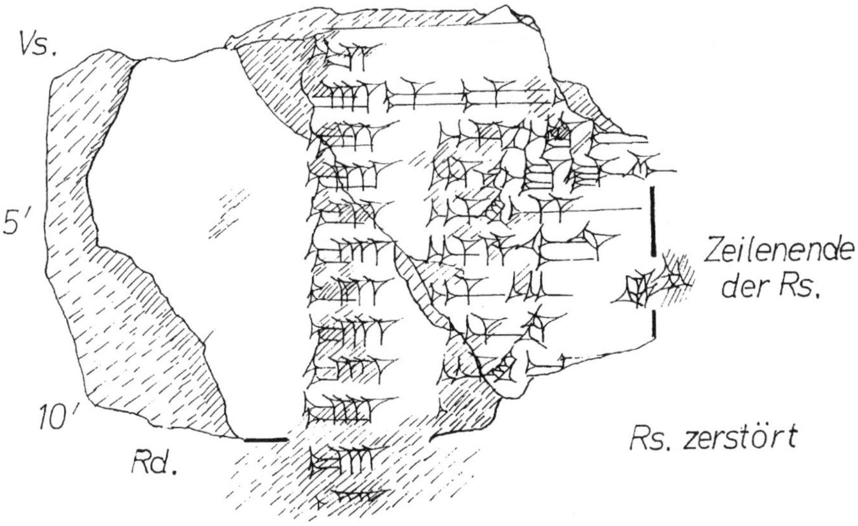

56

VAT 18037 10,2×17,4

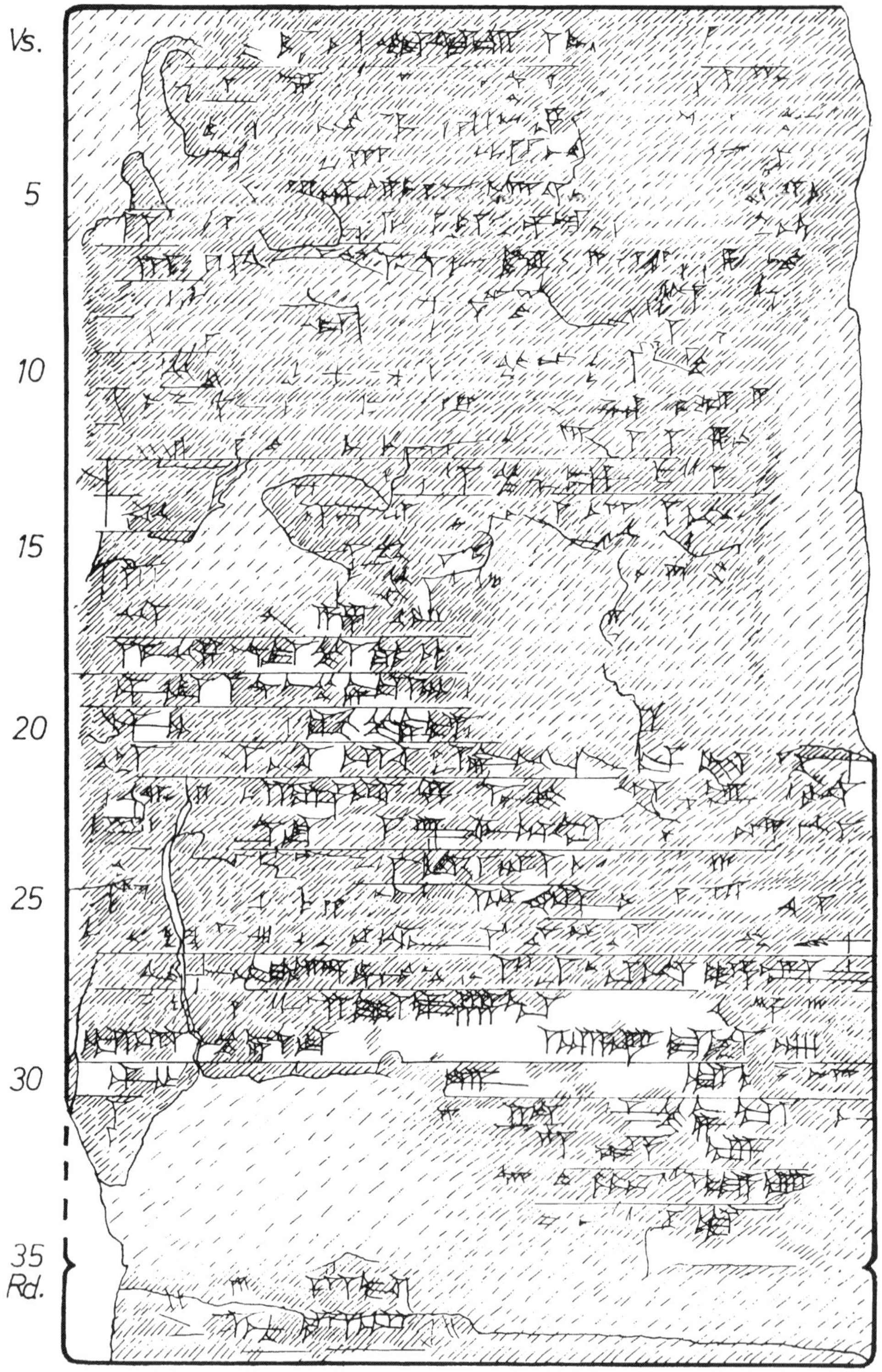

56 *(Forts.)*

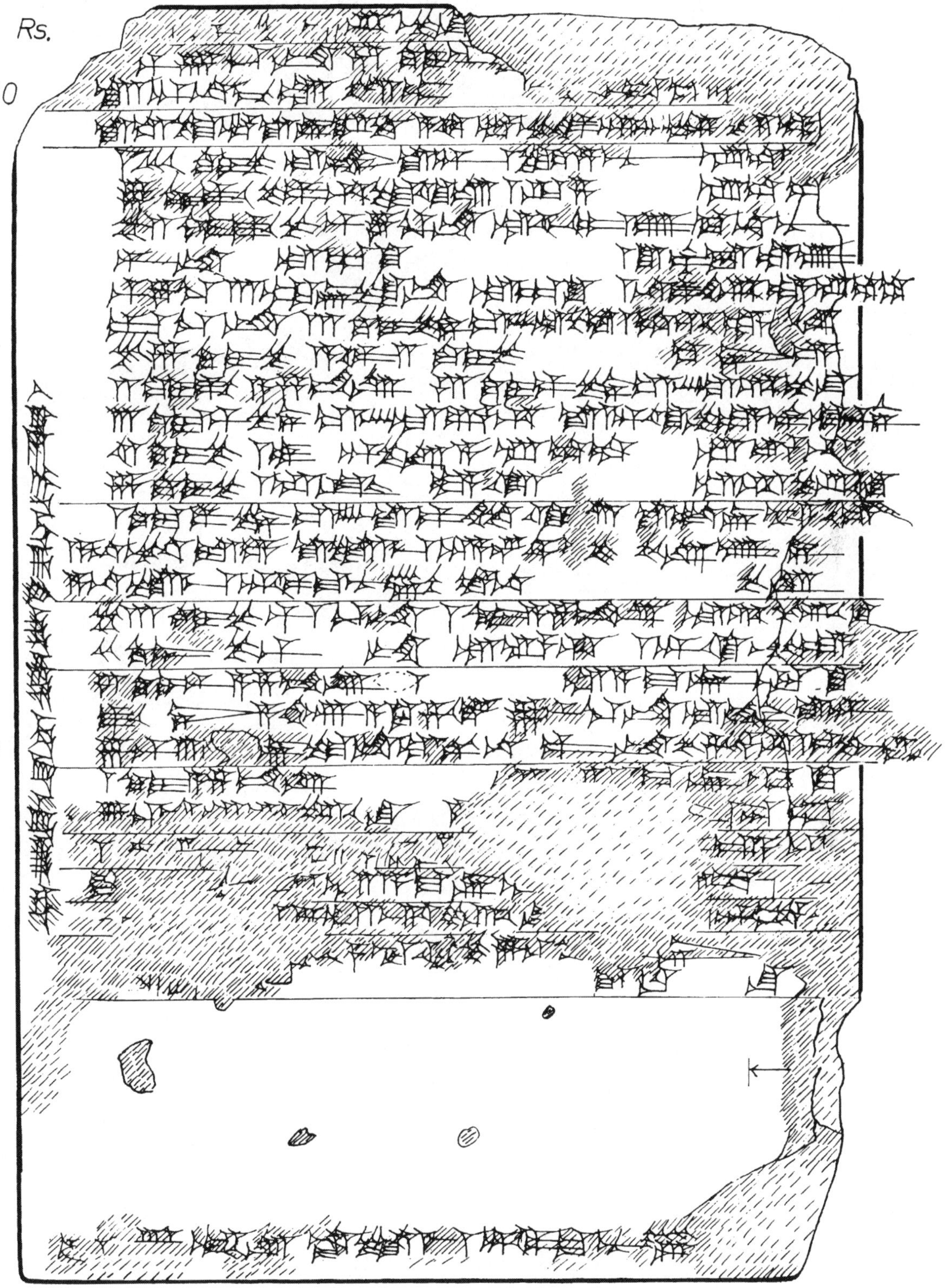

57

VAT 18059

15,4×21,1

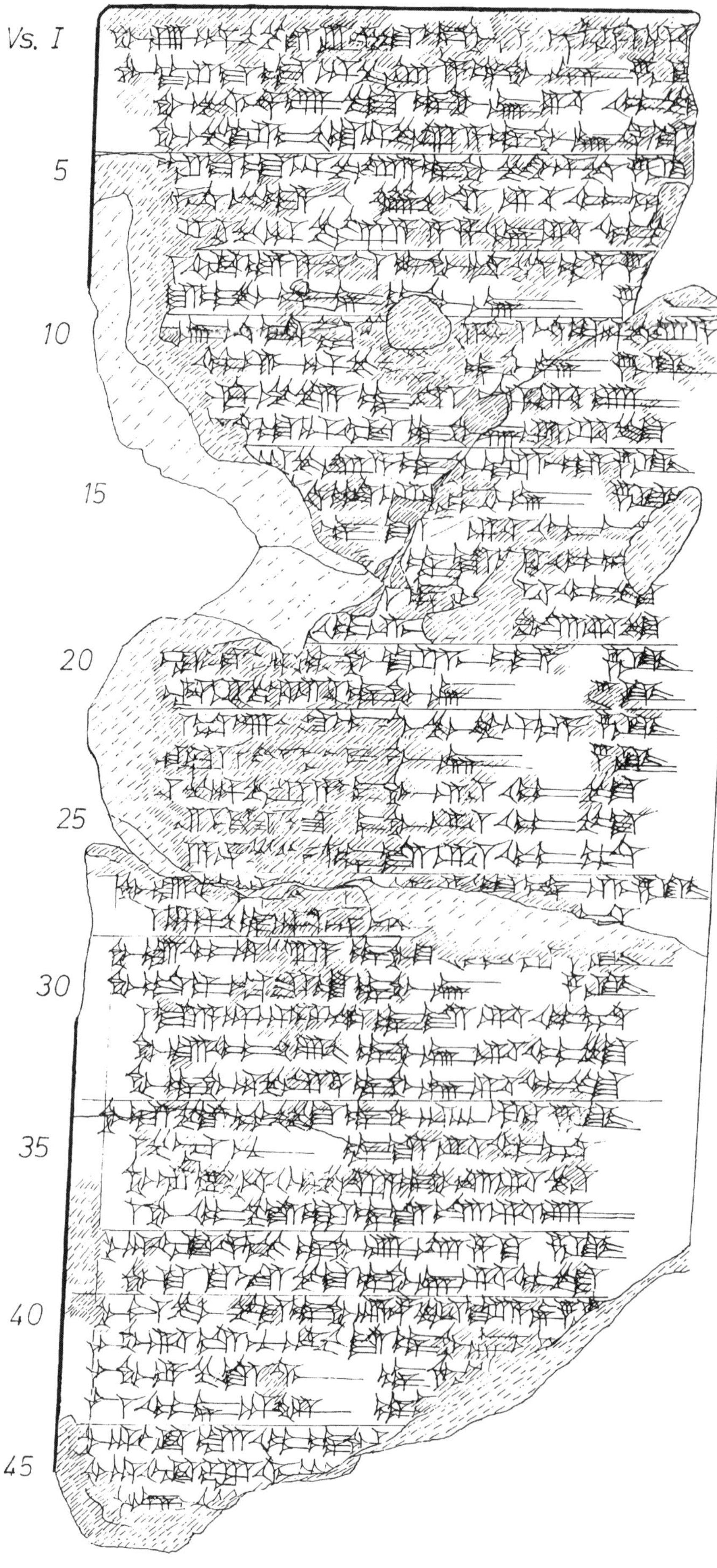

57 (Forts.)

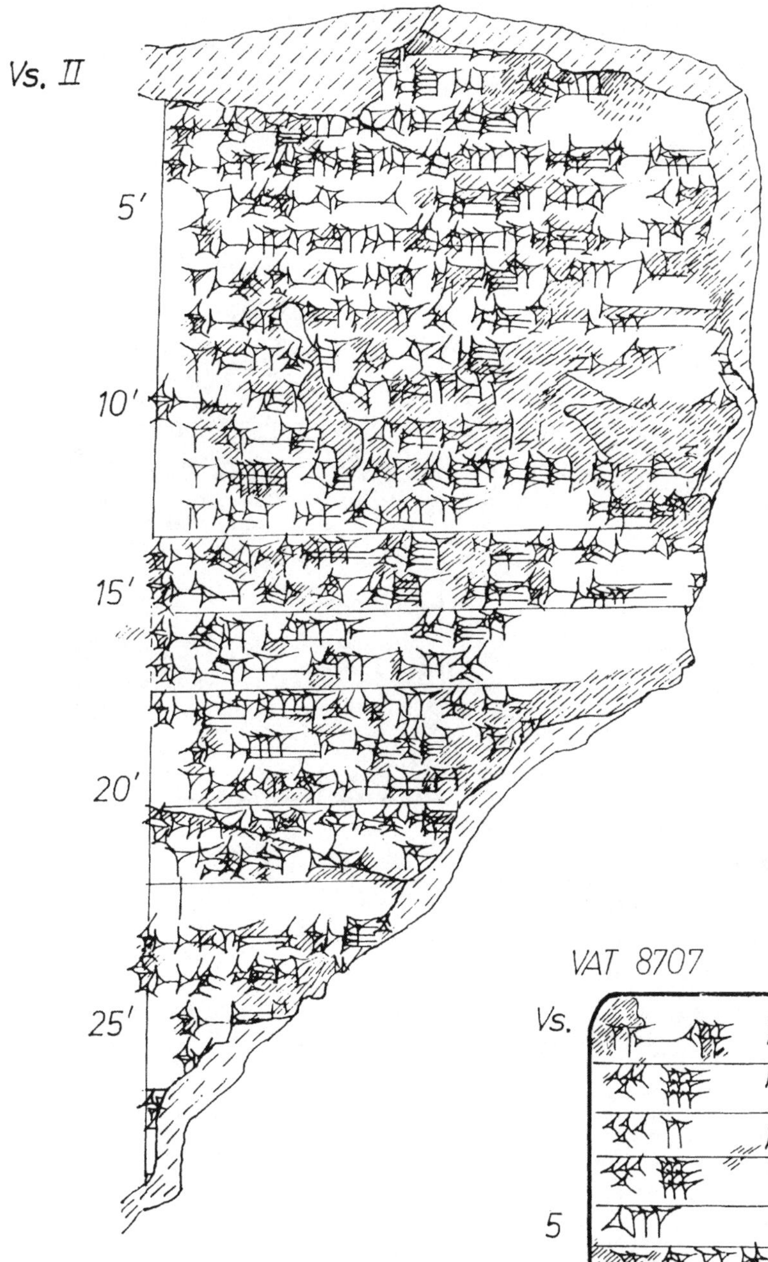

58

VAT 8707 6,0×4,9

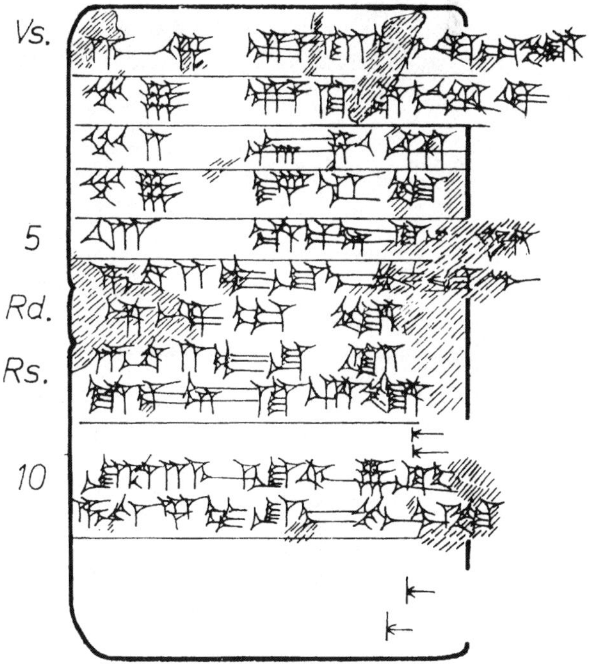

59

VAT 18025 4,6x4,0

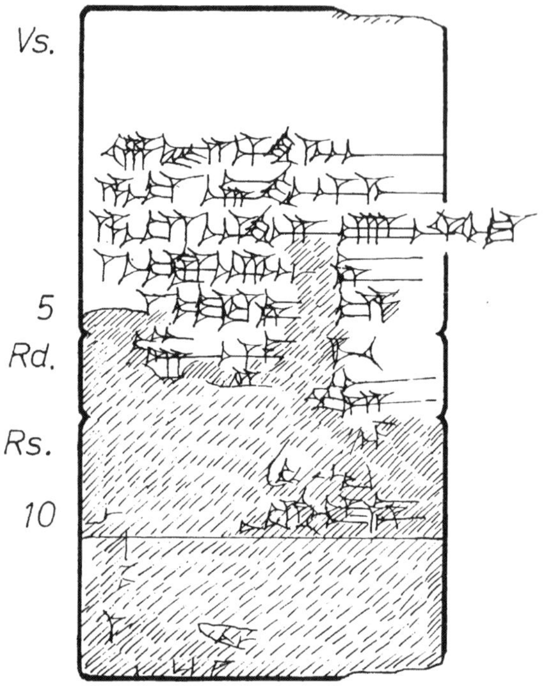

57 (Forts.)

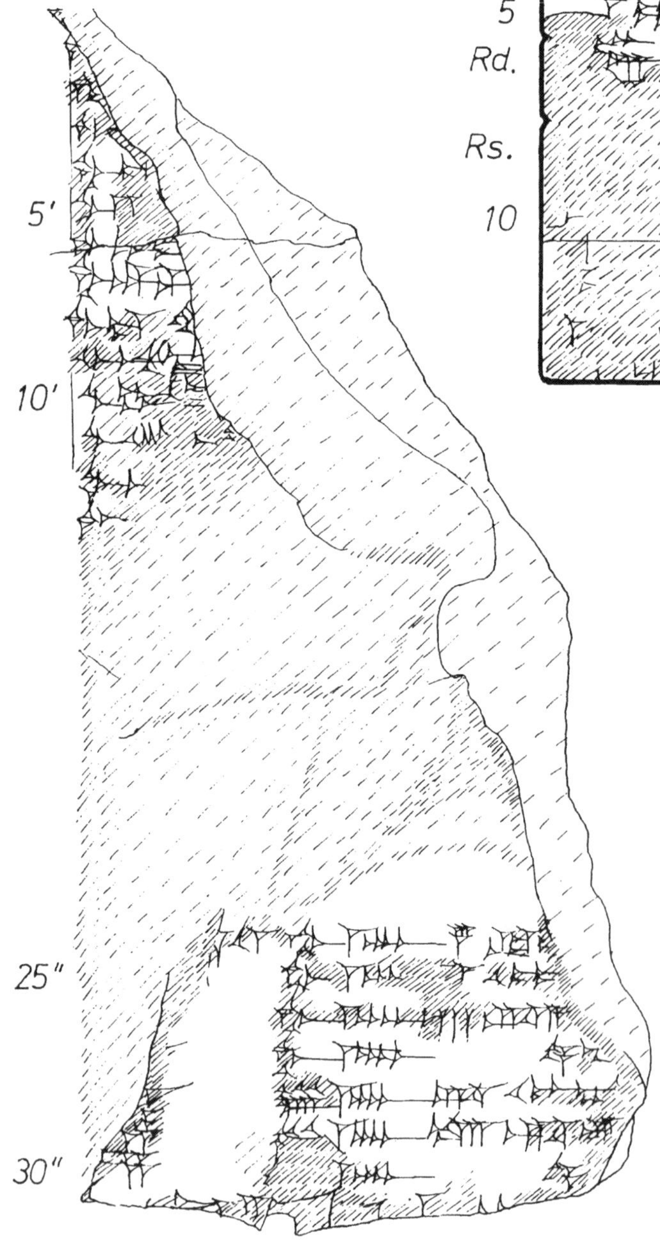

57 (Forts.)

Rs. IV

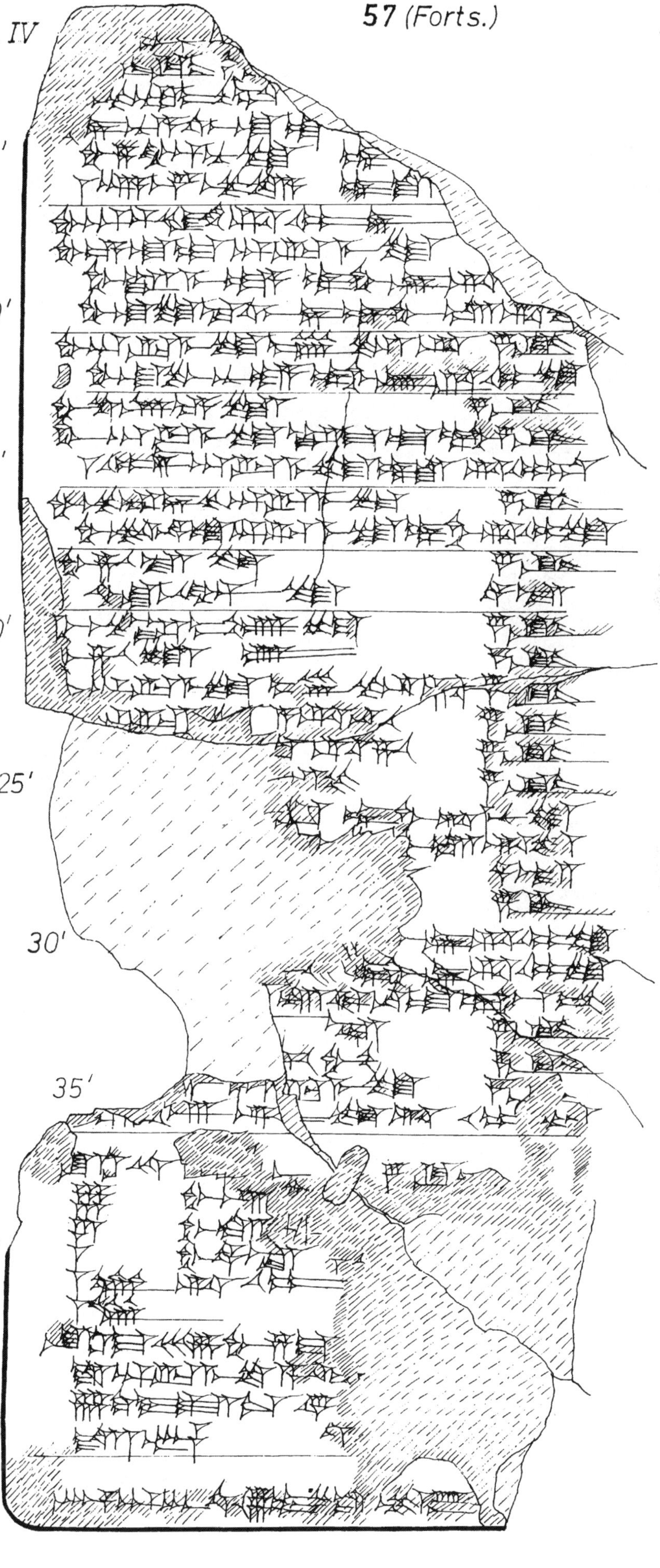

60

VAT 18044 5,5×8,4

Vs.

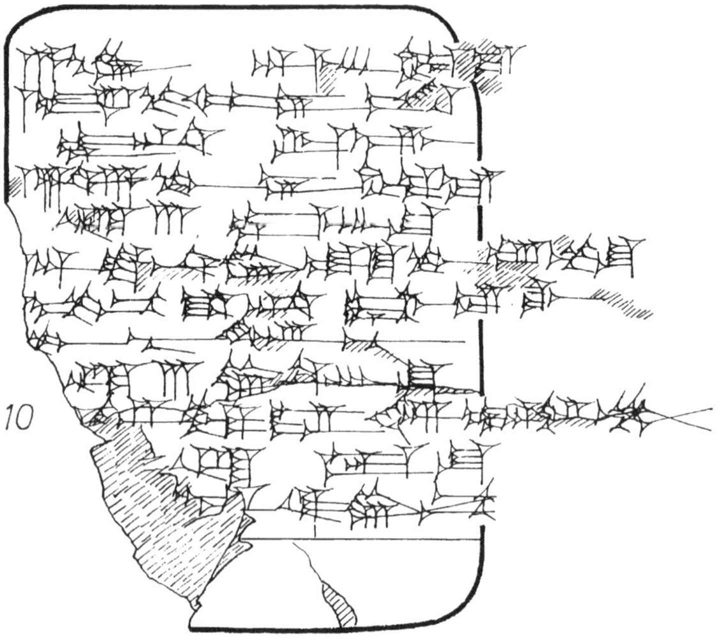

Rs.

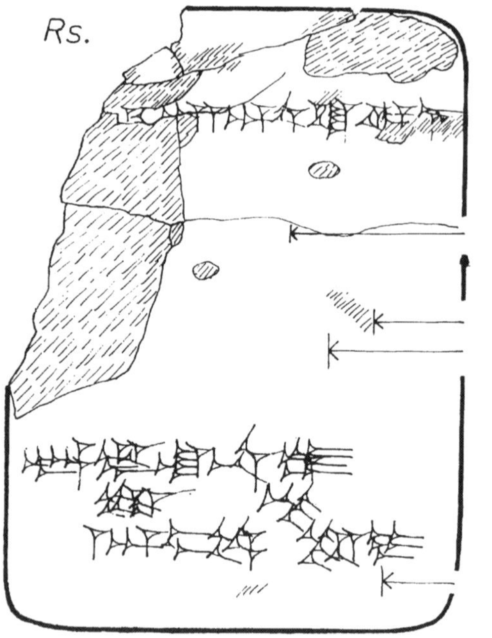

61

VAT 9378 4,6×3,8

Vs. Rd. Rs. Rd.

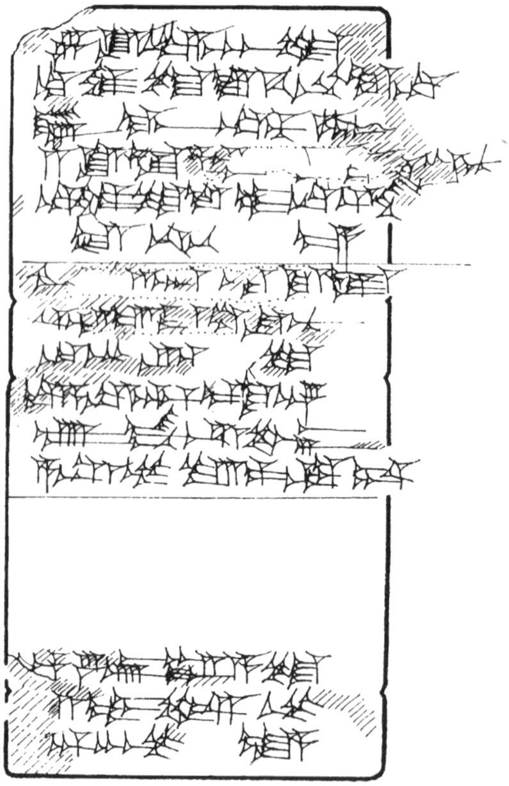

62

VAT 13084 5,7×4,9

Vs.

Rd.

Rs.

63

VAT 18027 6,0×5,3

Vs.

Rd.

Rs.

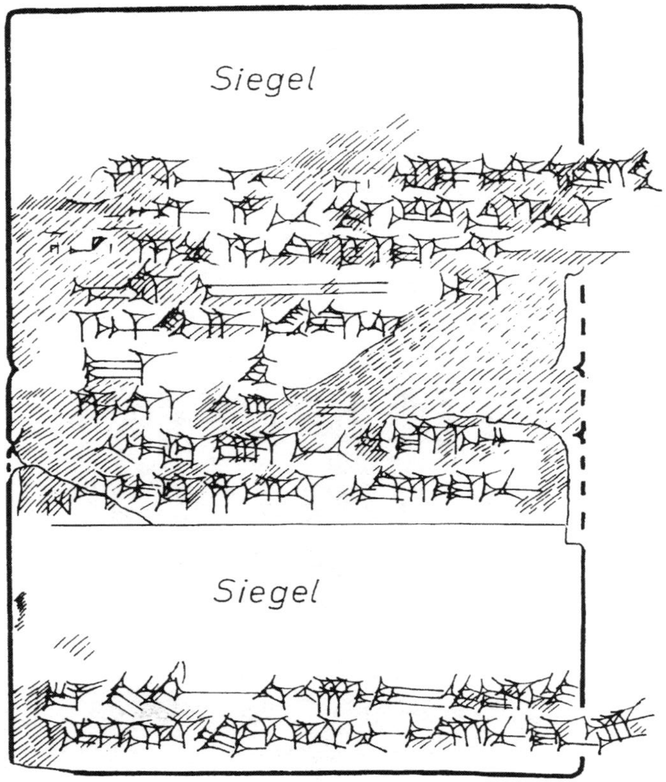

64

VAT 18029 5,9×6,4

Vs.? abgebrochen

Rs.?

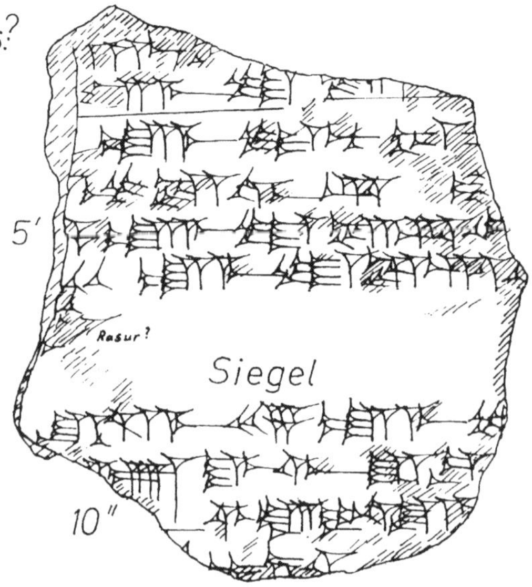

5'

10''

65

VAT 18011 4,9×5,3

Vs. zerstört

Rs.

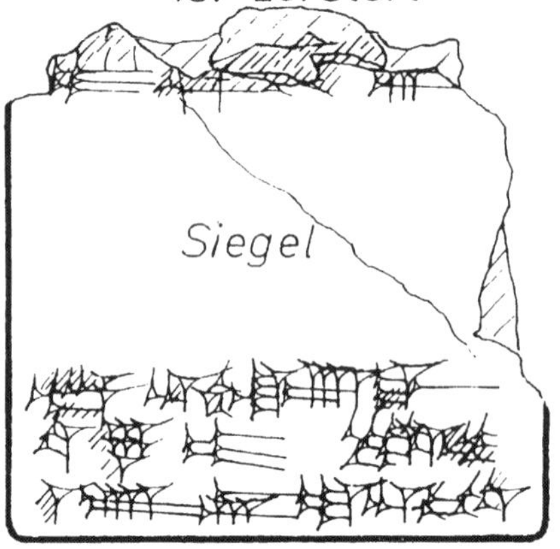

Siegel auf den Rändern

66

VAT 16397 6,2×4,7

Vs.

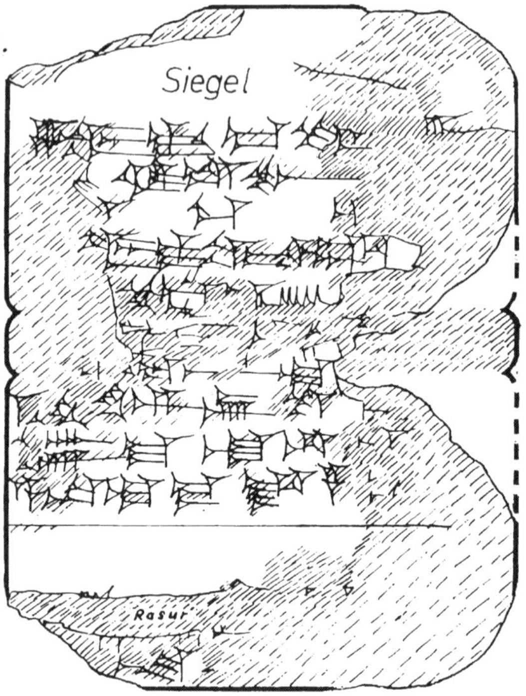

5

Rd.

Rs.

10

67

VAT 18014 4,6×6,0

Vs. (r. Rd.)

2'

7''

Vs. abgesplittert

68

VAT 9405 4,5×4,2

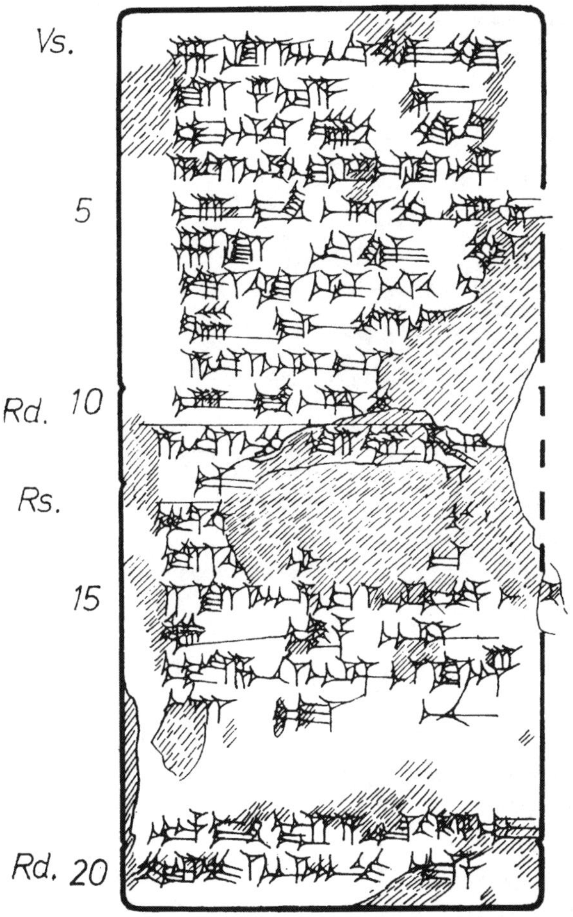

69

VAT 18056 5,1×4,4

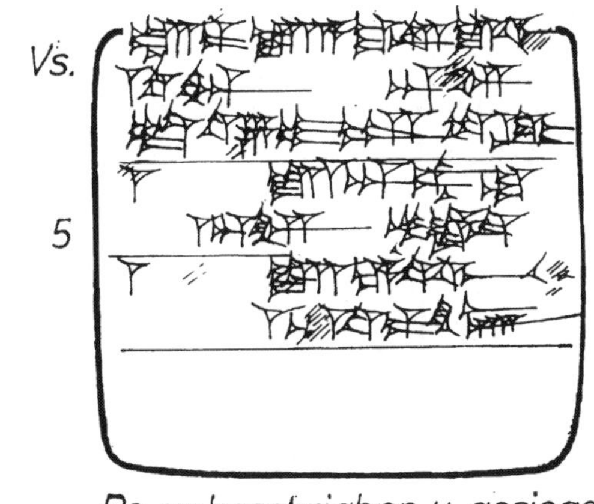

Rs. unbeschrieben u. gesiegelt

67 (Forts.)

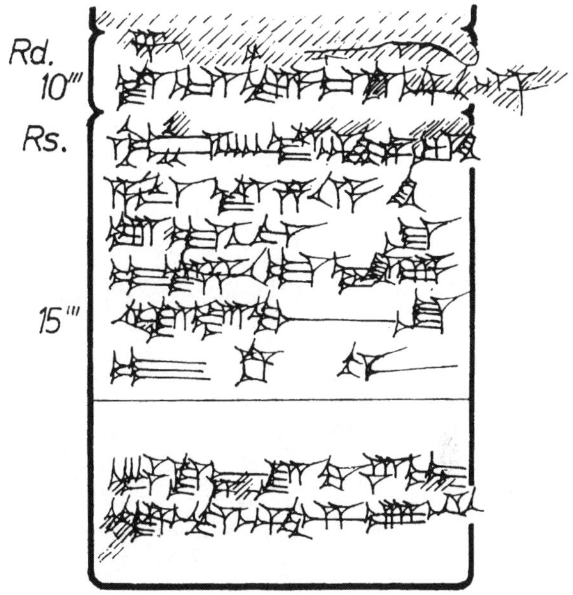

70

VAT 16399 5,3×1,4

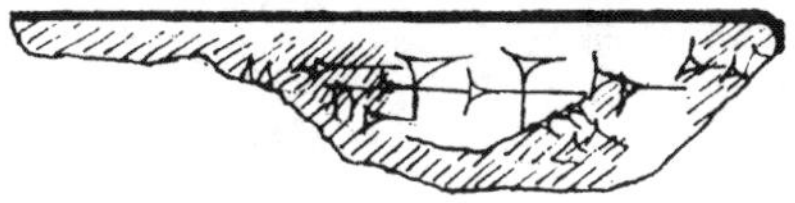

6,4×6,3

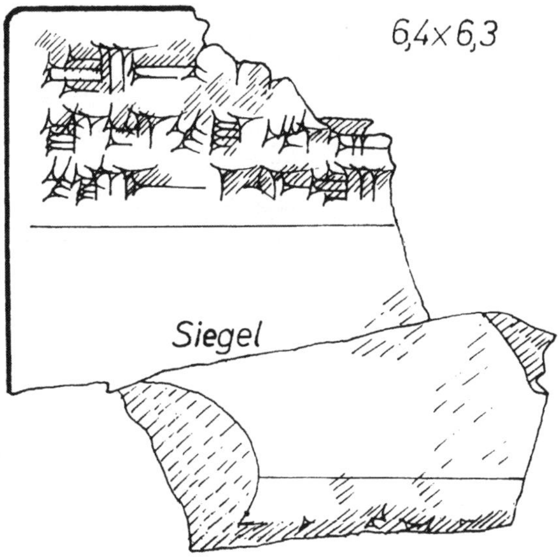

71

VAT 16375 — Innentafel — 7,2×8,5

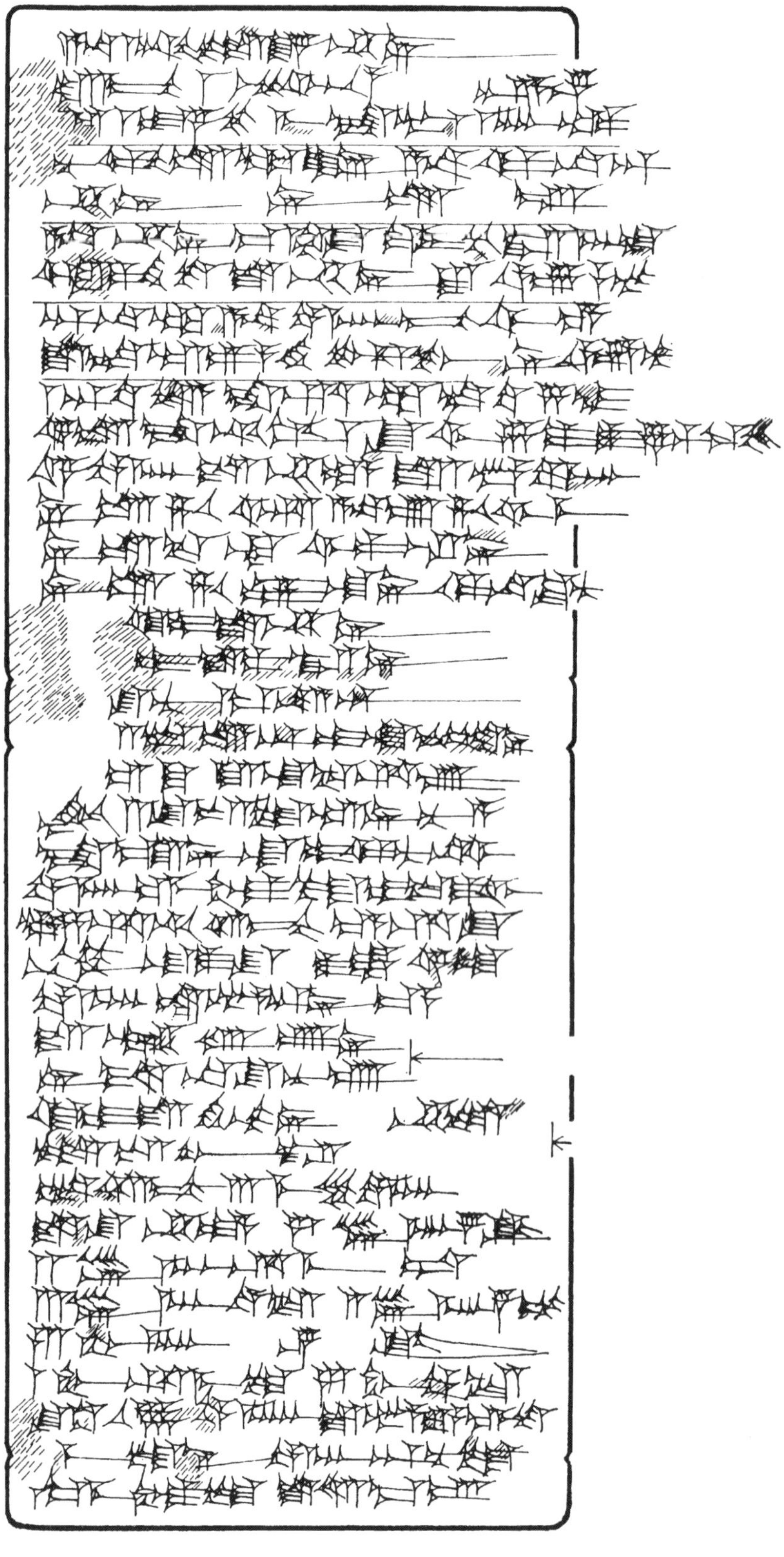

71 (Forts.)

l. Rd.

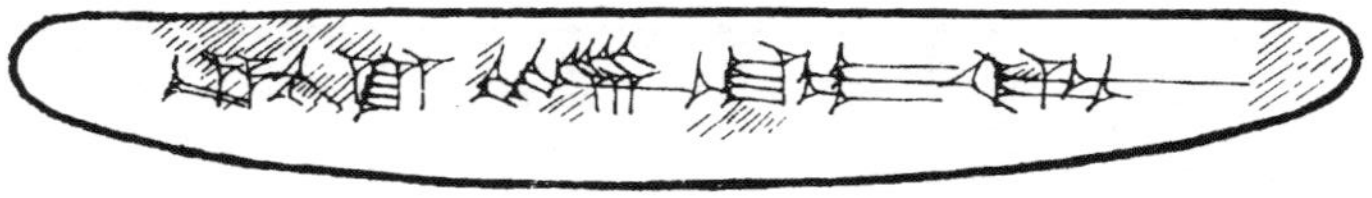

Hülle

8,2×9,7

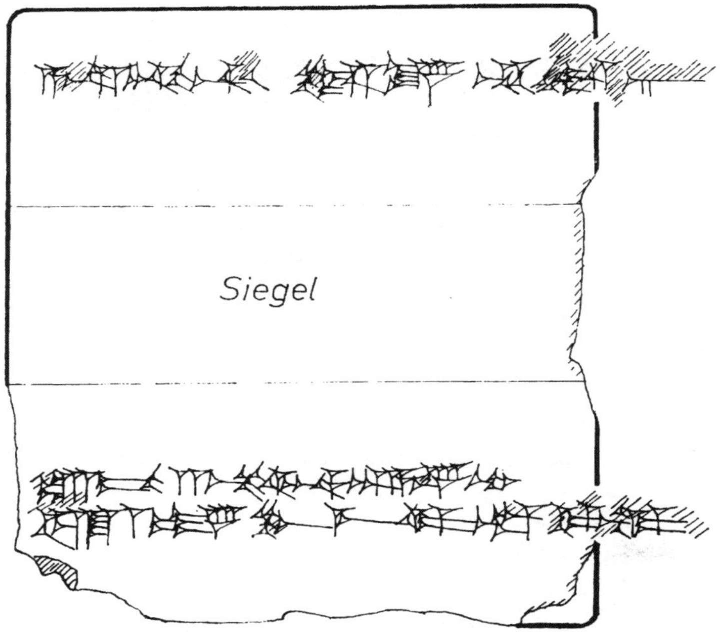

Siegel auf der Rs. und den Rändern

72

VAT 18028 7,2×6,0

Vs.

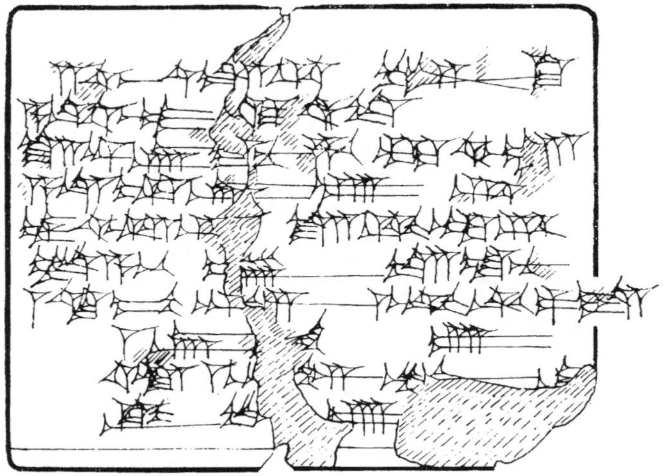

Rs.

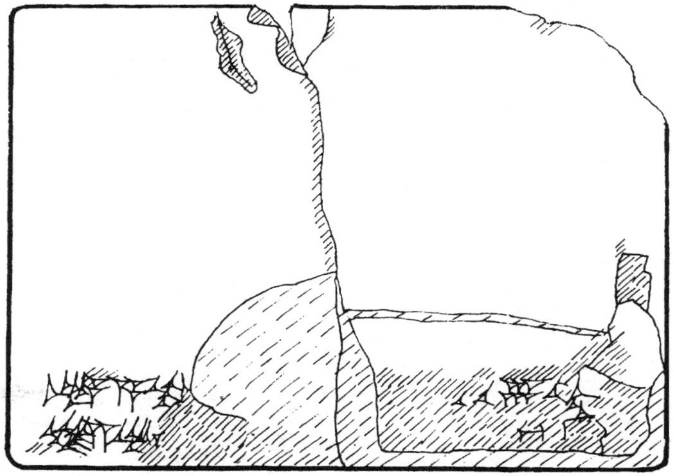

73

VAT 16400 6,3×6,1

Innentafel

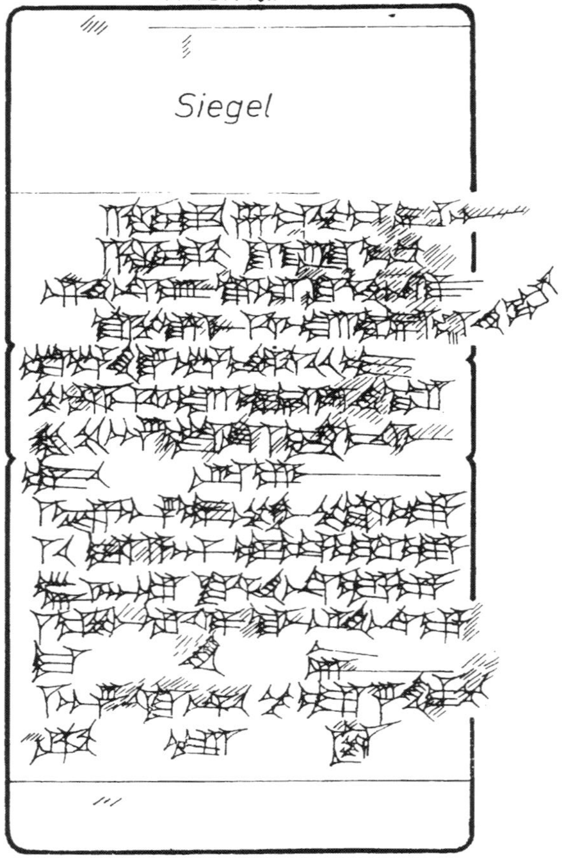

VAT 16399 Hülle 7,9×7,0

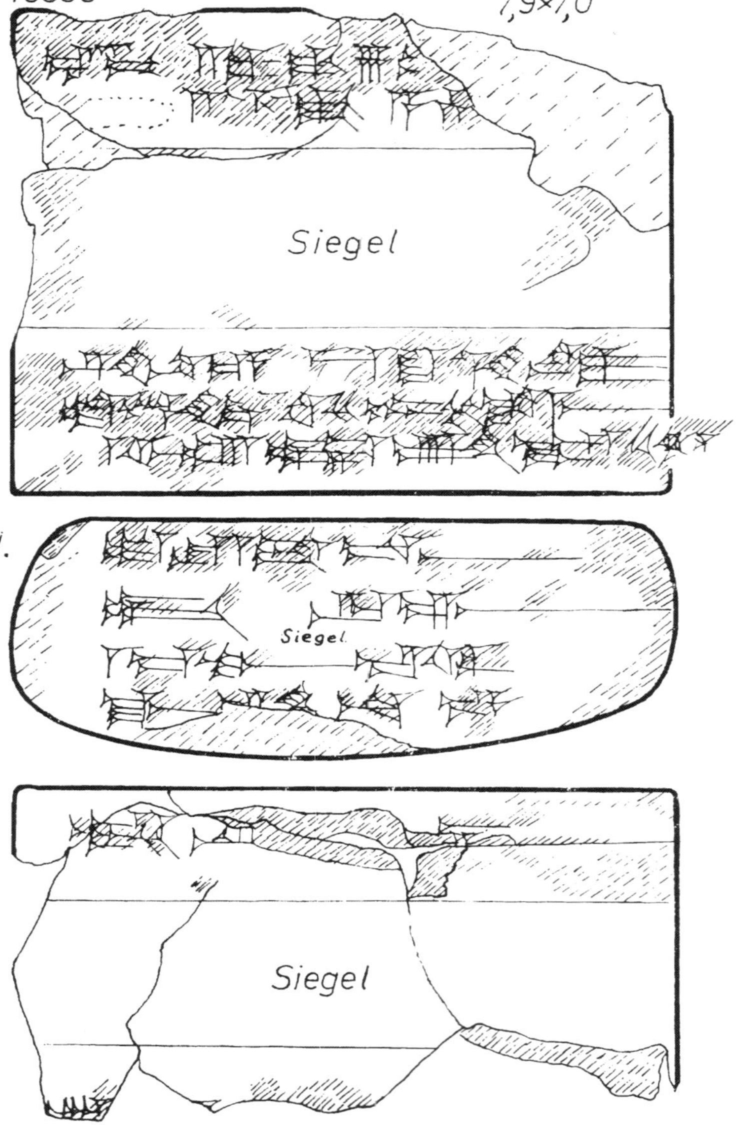

FSC
www.fsc.org
MIX
Papier | Fördert gute Waldnutzung
FSC® C083411

Kolibri 360 GmbH
Ferdinand-Jühlke-Straße 7
99095 Erfurt, Deutschland
produktsicherheit@kolibri360.de